REPRODUÇÃO HUMANA ASSISTIDA
congelamento de embriões e direitos fundamentais

Manoel Antônio Silva Macêdo
Mestre em Direito Privado pelo Programa de
Pós-Graduação em Direito da PUC Minas. Juiz de Direito
do Tribunal de Justiça do Estado do Pará.

REPRODUÇÃO HUMANA ASSISTIDA
congelamento de embriões e direitos fundamentais

editora Del Rey

Belo Horizonte
2023

EDITORA DEL REY LTDA.
www.editoradelrey.com.br

Editor: Arnaldo Oliveira

Editor Adjunto: Ricardo A. Malheiros Fiuza (*in memoriam*)

Coordenação Editorial: Letícia Neves

Diagramação e revisão: Know-how Editorial

Capa: JP Designer

Editora:
Rua dos Goitacazes, 71 – Lojas 20 a 24
Centro – Belo Horizonte – MG
CEP 30190-050

Comercial:
Tel.: (31) 3284-3284 / 3293-8233
vendas@editoradelrey.com.br

Editorial:
editorial@editoradelrey.com.br

M141r Macêdo, Manoel Antônio Silva
Reprodução humana assistida: congelamento de embriões e direitos fundamentais / Manoel Antônio Silva Macêdo.-- Belo Horizonte : Del Rey, 2023.
174 p.

Bibliografia: p. 149-158
ISBN: 978-65-00-57843-0

1. Direito e biologia. 2. Bioética. 3. Reprodução humana. 4. Planejamento familiar. I. Título.

CDU: 34:57.08

Junio Martins Lourenço – Bibliotecário – CRB-6/3167

Dedico este livro à
Taíssa, Catarina e Cleuza.

Agradeço também à amiga
Gabriela Mascarenhas Lasmar.

SIGLAS E ABREVIATURAS

ADI — ação direta de inconstitucionalidade

ADN — ácido desoxirribonucleico (o mesmo que DNA)

ADPF — arguição de descumprimento de preceito fundamental

CC — Código Civil (Lei n. 10.406, de 10.01.2002)

CDC — Código de Defesa do Consumidor (Lei n. 8.078, de 11.09.1990)

CF — Constituição da República Federativa do Brasil de 1988

CFM — Conselho Federal de Medicina

CNJ — Conselho Nacional de Justiça

CNS — Conselho Nacional de Saúde

CP — Código Penal (Decreto-lei n. 2.848, de 07.12.1940)

CTNBio — Comissão Técnica Nacional de Biossegurança

DGPI — diagnóstico genético pré-implantatório

DNA — ácido desoxirribonucleico (*deoxyribonucleic acid*, o mesmo que ADN)

FIV — fertilização *in vitro*

GIFT — *Gamete Intrafallopian Transfer* (Transferência dos Gametas para o Interior da Trompa)

HLA — Antígeno Leucocitário Humano

ICSI — *Intracytoplasmic Sperm Injection* (Injeção Intracitoplasmática de Espermatozoide)

LB — Lei de Biossegurança (Lei n. 11.105, de 24.03.2005)

RA — reprodução assistida

SisEmbrio	Sistema Nacional de Produção de Embriões
STF	Supremo Tribunal Federal
STJ	Superior Tribunal de Justiça
SUS	Sistema Único de Saúde
TCLE	termo de consentimento livre e esclarecido
TJSP	Tribunal de Justiça do Estado de São Paulo
ZIFT	*Zygote Intrafallopian Transfer* (Transferência do Zigoto para o Interior da Trompa)

PREFÁCIO

Foi com imensa alegria que recebi o convite do Manoel para escrever o prefácio de seu livro *Reprodução humana assistida*: congelamento de embriões e direitos fundamentais. Acompanhei de perto os passos do autor durante os dois anos de seu mestrado, no Programa de Pós-graduação em Direito da PUC Minas. Na qualidade de sua professora e orientadora, posso afirmar, sem medo de errar, que o trabalho ora apresentado a toda a comunidade acadêmica e jurídica tem a profundidade, a honestidade e a erudição tão necessárias ao estudo do tema. Ao mesmo tempo, o livro é de fácil e agradável leitura. Veja-se que não são qualidades antagônicas.

O objetivo da dissertação de mestrado, ora transformada em livro, com acréscimos e atualizações, é analisar, criticamente, os aspectos éticos e jurídicos que envolvem as restrições inseridas na Lei de Biossegurança (Lei n. 11.105/2005), confrontando-as com a liberdade quanto ao planejamento familiar e os direitos reprodutivos.

Não há resposta simples em reprodução humana assistida. O tema é revestido de intrincados problemas filosóficos, médicos e jurídicos, e o autor, ciente da sua responsabilidade, não se esquivou de estudar e trazer a lume importantes referências dessas áreas do saber, o que torna o livro ainda mais atrativo e completo.

O trabalho é composto por nove capítulos, numa sequência muito bem concatenada, iniciando com o panorama ético sobre as inovações científicas, passando pela necessidade de situá-las nos contextos bioéticos e biojurídicos, e, posteriormente, a atenção se volta à autonomia reprodutiva e ao planejamento familiar. Então, os capítulos seguintes são decorrentes de todos os aparentes conflitos envolvendo a proteção embrionária e a liberdade de procriar.

Não vou antecipar as conclusões. Quero, sim, convidar o leitor a conhecer um aspecto do rico panorama que envolve a reprodução humana assistida pelos olhos desse autor responsável, inteligente e competente.

Manoel Antônio Silva Macêdo, depois de concluir seu mestrado, ingressou no doutorado em Direito Privado da PUC Minas e, com afinco, segue estudando temas importantes para a construção da dignidade da pessoa humana. Este é seu primeiro livro, mas não tenho dúvida de que outros virão, com a mesma qualidade e o mesmo refinamento intelectual.

Portanto, é com satisfação que entrego nas mãos de seus destinatários um livro excepcional, que se harmoniza com os fundamentos de um Estado Democrático de Direito.

Do Rio Grande do Sul para as Minas Gerais, dezembro de 2022.

Maria de Fátima Freire de Sá

Professora do Curso de Graduação e do Programa de Pós-graduação (mestrado e doutorado) em Direito da PUC Minas. Pesquisadora do CEBID JUSBIOMED. Doutora e Mestre em Direito.

SUMÁRIO

INTRODUÇÃO

O rápido desenvolvimento da ciência e da tecnologia biomédica consiste em fenômeno que gera diversos desafios para todos os setores das sociedades, ante as incógnitas e preocupações quanto ao uso das descobertas aplicáveis às pessoas, aos seres vivos e ao meio ambiente.

Afinal, a ciência não pode fazer tudo o que deseja, tendo em conta a existência de outros interesses e valores coletivos considerados relevantes para a preservação da humanidade, do meio ambiente e dos seres vivos, que sofrem o risco de serem prejudicados caso se permita um agir absoluto dirigido ao avanço tecnológico.

Dessa forma, qualquer escolha ética, livre e responsável, no campo da pesquisa científica, deve ter em vista um estudo sobre um universo de possibilidades e riscos que não pode ser desprezado, bem como acerca dos efeitos produzidos sobre os direitos das pessoas.

Diante de todos os dilemas gerados pelos possíveis impactos e consequências das pesquisas e inovações científicas, especialmente a partir do século XX, verificou-se mundo afora a tendência crescente de adoção de mecanismos adequados de controle, para evitar a repetição de graves violações éticas em experimentos, como as que ocorreram no passado recente envolvendo seres humanos.

Na história contemporânea, o período da Segunda Guerra Mundial é referido como o ápice do cenário de desvios aos princípios éticos, no âmbito da experimentação científica com pessoas, considerando as milhares de vítimas submetidas pelo regime nazista a pesquisas degradantes.

Em resposta às barbáries cometidas em campos de concentração, dez diretrizes[1] éticas voltadas à experimentação científica com seres

---

1 Documento elaborado pelo Tribunal Militar Internacional, composto de dez regras definidoras de princípios para a realização de experiências com seres humanos.

humanos foram consignadas no chamado Julgamento de Nuremberg, realizado após o fim da Segunda Guerra Mundial, enaltecendo, em síntese, (i) a necessidade do consentimento livre e esclarecido do paciente, (ii) a beneficência do experimento para o indivíduo e a sociedade, (iii) o dever de precaução contra riscos desconhecidos de sofrimento e danos desnecessários para o participante da pesquisa e (iv) a obrigatoriedade de qualificação científica dos profissionais que conduzem o experimento.

Apesar de não ter força legal, o Código de Nuremberg figura como primeiro instrumento deontológico da relação médico-paciente em nível internacional, tendo havido, por esse motivo, a incorporação de seus princípios na Declaração de Helsinque pela Associação Médica Mundial, em 1964 (DECLARAÇÃO DE HELSINQUE, 1964).

Além da observância de princípios éticos na experimentação científica envolvendo seres humanos, surgiu também a necessidade de fixar balizas legais para garantir o respeito a interesses e *valores comuns*[2], assim como para a proteção de direitos individuais e coletivos reconhecidos nas Cartas constitucionais, prevenindo e punindo abusos decorrentes de práticas médicas e científicas antiéticas.

O famoso caso de Tuskegee ilustra bem a necessidade de regulamentação estatal das pesquisas científicas com seres humanos. O Experimento Tuskegee consistiu em estudo realizado, entre 1932 e 1972, pelo Serviço Público de Saúde estadunidense (*United States Public Health Service*) e pelo Centro de Controle e Prevenção de Doenças (*Center for Disease Control and Prevention*), em colaboração com a Universidade de Tuskegee, sobre os efeitos da sífilis não tratada em homens negros. Devido à ausência de esclarecimentos acerca dos fins da pesquisa, claramente discriminatória, por envolver apenas pessoas negras, e dos tratamentos ineficazes disponibilizados, com o objetivo de estudar o desenvolvimento natural da doença, 25 voluntários morreram diretamente infectados com sífilis e outros 100 de complicações relacionadas à doença (SÁ; NAVES, 2018, p. 6). A revelação de tais violações éticas, em 1972, foi decisiva para a elaboração do Relatório Belmont, de 1978,

[2] Quando se fala em valor comum, não se está querendo dizer que todos compartilham da mesma construção de vida boa, mas que têm valores comuns erigidos à categoria de princípios, como liberdade, igualdade etc.

no qual foram estabelecidos os atuais princípios bioéticos a serem observados em pesquisas com seres humanos (TUSKEGEE, 1932-1972).

A despeito da necessidade de estabelecer limites para a experimentação científica, é importante ter em mente que o esforço para evitar e reprimir abusos pode levar à paralisia do desenvolvimento científico ou tecnológico, comprometendo o exercício de direitos e interesses legítimos de buscar terapias para enfermidades.

No mesmo sentido, o debate sobre o embrião criopreservado, notadamente sobre o tipo e extensão da tutela que recebe do Estado, apresenta sérias implicações sobre os direitos fundamentais reprodutivos e de planejamento familiar dos indivíduos, uma vez que, se inadmitida qualquer intervenção sobre a célula germinal humana após a fecundação, a realização de pesquisas com fins terapêuticos restará limitada ao benefício exclusivo das células germinais, que, desse modo, não poderão sofrer perda ou deterioração, inviabilizando-se o desenvolvimento de tratamentos terapêuticos para doenças que afligem milhões de pessoas.

Com base em tais premissas, o objetivo deste livro é oferecer uma análise crítica dos aspectos ético-jurídicos que embasam as restrições impostas pela Lei n. 11.105, de 24 de março de 2005 (Lei de Biossegurança) em face dos direitos fundamentais reprodutivos e de liberdade de planejamento familiar.

Desse modo, o livro aborda a racionalidade adotada pela Lei de Biossegurança na fixação do prazo de três anos de congelamento de embriões humanos viáveis, oriundos de fertilização *in vitro* (FIV), não utilizados no respectivo procedimento, como requisito para a realização de pesquisa e terapia com células-tronco embrionárias, e para o exercício dos direitos fundamentais reprodutivos e da liberdade de planejamento familiar.

O estudo dos conceitos que norteiam a experimentação científica com embriões *in vitro*, o *status* jurídico destes, bem como as questões decorrentes da categorização em embriões viáveis e inviáveis, constituem, portanto, variáveis do problema em questão.

O livro convida, além disso, a compreender o papel do princípio da autonomia privada no contexto de um ordenamento orientado por princípios liberais, assim como discutir as consequências e os benefícios das restrições legais concernentes ao uso das técnicas de reprodução assistida (RA), em função da produção excedentária de embriões *in vitro*. O *status* jurídico desses embriões também será problematizado, a fim de aferir a legitimidade da pesquisa e da terapia com células-tronco embrionárias.

Parte-se da hipótese ou do conjunto de ideias que reclama o fortalecimento de direitos fundamentais e o reconhecimento de novos espaços de autonomia privada aos sujeitos, na qualidade de genitores, para decidir pelo uso em pesquisa de seus embriões excedentários, independentemente de prazos, sejam eles viáveis ou não, diante da obsolescência da cultura paternalista estatal de subtrair das pessoas a plena possibilidade de exercício dos direitos reprodutivos, de liberdade de planejamento familiar e de livre expressão da pesquisa científica.

Não há pretensão alguma de esgotar o debate jurídico sobre o destino dos embriões *in vitro*, mas apenas de instigá-lo, oferecendo argumentos que possam contribuir com o pensamento crítico acerca das limitações impostas aos direitos fundamentais reprodutivos e de livre planejamento familiar dos indivíduos, sem olvidar, para melhor compreensão do tema, o indispensável estudo dos princípios bioéticos e biojurídicos, que serão expostos nos capítulos seguintes.

As conclusões apresentadas, no âmbito da relação conflituosa entre as normas que fixam prazos e condições biológicas para a utilização de embriões excedentários produzidos por FIV e os direitos fundamentais reprodutivos e de livre planejamento familiar, foram obtidas durante pesquisa desenvolvida no curso de Mestrado Acadêmico do Programa de Pós-Graduação em Direito da PUC Minas, sob a brilhante orientação da Professora Doutora Maria de Fátima Freire de Sá.

Capítulo I

CONSIDERAÇÕES ÉTICAS SOBRE A INOVAÇÃO CIENTÍFICA

Diversas inovações científicas passaram a contribuir para a realização do projeto parental, oferecendo alternativas para indivíduos com problemas de infertilidade ou portadores de doenças hereditárias.

Inobstante os benefícios advindos da pesquisa científica, Michael J. Sandel (2013, p. 21-22) afirma que ainda não há por parte de todos nós suficiente preparo moral para compreender e absorver o dilema da possibilidade de manipulação de nossa natureza.

E, de fato, a conclusão de Sandel (2013) é confirmada pela ausência[3] de diplomas legais sobre as inúmeras implicações ético-jurídicas produzidas pelas novas biotecnologias, visto que ainda são discutidas formas adequadas de promover a assimilação de seus efeitos pelas relações privadas, atentando para o necessário equilíbrio e respeito aos direitos fundamentais.

Isso também se explica, pois, no contexto das relações humanas, as descobertas produzidas pelas inovações tecnocientíficas ocorrem em um ritmo muito mais rápido do que a atuação do Estado, por meio do Direito positivado, que pode voltar-se, quanto à forma de atuação, para um modelo abstencionista ou intervencionista, conforme ensina Carlo Casonato (2006 *apud* ORSELLI, 2016, p. 92).

O modelo abstencionista é defendido por aqueles que receiam uma legislação muito restritiva sobre a autonomia pessoal, porém a abstenção de legislar sobre questões relacionadas à aplicação das

---

[3] No Brasil não há nenhuma lei regulando a aplicação das técnicas de reprodução humana assistida, mas apenas resoluções do Conselho Federal de Medicina, que tratam dos aspectos éticos.

biotecnologias e suas consequências pode se transformar em um vazio normativo arriscado, que gera insegurança jurídica (CASONATO, 2006 *apud* ORSELLI, 2016).

De outro lado, o modelo intervencionista se caracteriza pela regulamentação, mesmo que de maneira branda, a fim de garantir a estabilidade nas relações jurídicas e a legitimidade das leis (CASONATO, 2006 *apud* ORSELLI, 2016).

Segundo Casonato (2006 *apud* ORSELLI, 2016, p. 98-103), a maneira de intervenção também varia entre o modelo aberto e leve e o modelo rígido e fechado. O primeiro limita a discricionariedade, porém deixa espaço para um diálogo interdisciplinar, enquanto no modelo rígido a regulamentação é minuciosa e formada por regras jurídicas inflexíveis.

A intervenção pode, ainda, ser permissiva, reconhecendo autonomia relativa ao sujeito livre, consciente e igual; ou impositiva, estabelecendo comportamentos contra a vontade do indivíduo, por considerá-lo incapaz de ser autonomamente responsável (CASONATO, 2006 *apud* ORSELLI, 2016, p. 98-103).

Em virtude das possíveis consequências negativas da aplicação das biotecnologias, o modelo intervencionista permissivo situa-se no meio-termo, garantindo liberdade ao indivíduo para fazer escolhas existenciais, mas evitando que a liberdade seja excessiva e irresponsável (CASONATO, 2006 *apud* ORSELLI, 2016).

No cenário atual de anomia, os projetos de lei[4] sobre a criopreservação de embriões indicam a tendência predominante de intervenção restritiva da autonomia privada, sobressaindo o traço característico do

---

[4] Para comprovar a grande celeuma que gira em torno da criopreservação, da natureza jurídica e da destinação de embriões *in vitro*, é importante conhecer os Projetos de Lei (PL) em tramitação na Câmara dos Deputados, a seguir resumidamente descritos, no que interesse ao tema em estudo. O PL 299/2021 proíbe qualquer forma de manipulação experimental, comercialização e descarte de embriões humanos. O PL 5799/2019 modifica o art. 2º do Código Civil, para estabelecer o início da personalidade civil com a concepção do embrião vivo. O PL 11.105/2018 dispõe sobre o Estatuto do Nascituro, incluindo no conceito de nascituro os seres humanos concebidos, ainda que *in vitro*, mesmo antes da transferência para o útero da mulher. O PL 434/2021 institui o Estatuto do Nascituro, incluindo os embriões *in vitro* sob a mesma proteção conferida ao nascituro. O PL 4.664/2001 proíbe o descarte de embriões humanos fertilizados

Direito como meio de controle social exercido para pressionar o indivíduo a ter um comportamento orientado por determinados valores, que limitam o exercício de direitos fundamentais.

---

in vitro, determinando a responsabilidade sobre eles. O PL 1.135/2003 prevê que, após três anos de criopreservação, os gametas ou pré-embriões ficarão à disposição dos beneficiários das técnicas de reprodução assistida, doadores ou depositantes, que poderão descartá-los ou doá-los. O PL 115/2015 institui o Estatuto da Reprodução Assistida, vedando a produção de embriões supranumerários, entendidos como aqueles que excedem o número necessário à transferência, em razão da idade da mulher. O PL 4.892/2012 institui o Estatuto da Reprodução Assistida, proibindo o descarte de embriões, além de definir como possíveis destinos a serem dados aos embriões criopreservados a implantação pelo(s) beneficiário(s), a entrega para a adoção ou o envio para pesquisa científica. O PL 2.061/2003 disciplina o uso de técnicas de reprodução humana assistida. O PL 4.665/2001 dispõe sobre a autorização da fertilização humana *in vitro* para os casais comprovadamente incapazes de gerar filhos pelo processo natural de fertilização, somente em clínicas devidamente autorizadas pelo Ministério da Saúde. O PL 1.184/2003 define normas para realização de inseminação artificial e fertilização *in vitro*, estabelecendo o limite de até dois embriões a serem produzidos e transferidos, respeitada a vontade da mulher receptora, a cada ciclo reprodutivo, bem como impõe a obrigação de transferir a fresco todos os embriões obtidos, além de proibir o descarte de embriões antes da implantação no organismo receptor. O PL 7.880/2017 trata da permissão para implantação de embriões humanos produzidos por fertilização *in vitro*, com intuito de doação de células ou tecidos para utilização terapêutica em irmão. O PL 2.855/97 dispõe sobre a utilização de técnicas de reprodução humana assistida, estabelecendo que os pré-embriões não utilizados a fresco deverão ser crioconservados nos bancos autorizados, por até cinco anos, salvo manifestação em contrário do casal responsável, e que somente caso sejam detectadas alterações genéticas que comprovadamente comprometam a vida saudável da descendência poderão ser descartados, após consentimento do casal. O PL 4.889/2005 estabelece que, se houver a fecundação de mais de um óvulo de uma mesma mulher para cada gestação, aquele será imediatamente implantado nela, proibindo o congelamento de embriões e a fecundação de óvulos, com a finalidade de obter células-tronco embrionárias. O PL 489/2007 dispõe sobre o Estatuto do Nascituro, estabelecendo que este adquire personalidade jurídica, ao nascer com vida, mas que sua natureza humana é reconhecida, desde a concepção. O PL 478/2007 dispõe sobre o Estatuto do Nascituro, incluindo no conceito de nascituro os embriões concebidos *in vitro*, e os produzidos mediante clonagem ou por outro meio, científica e eticamente, aceito. E a PEC 164/2012 estabelece a inviolabilidade do direito à vida, desde a concepção, alterando o *caput* do art. 5º da Constituição Federal.

A ênfase dada à elaboração de leis que regulamentam a conduta do indivíduo é melhor explicada pelas teorias positivistas centradas na legislação[5]. As escolas positivistas entendem o Direito como instrumento de governo da sociedade, que influencia e muda o comportamento das pessoas, independentemente de a escolha feita pela vontade política ser mais justa ou adequada (SABADELL, 2017, p. 28-29).

Barroso (2009, p. 239-242) ensina que o positivismo teve a pretensão de criar uma ciência jurídica análoga às ciências exatas e naturais, isto é, baseada em fatos, e não em juízos de valor, de modo a promover uma aproximação entre direito e norma, retirando do âmbito do primeiro a discussão de questões de legitimidade e justiça.

Os códigos surgem dentro de um contexto otimista, guiando todos os grandes esforços de realização do ideário moderno de unificação das fontes jurídicas e concentração do Direito no Estado, tendo como consequência a absolutização da visão de mundo na qual o Direito se esgota na *lei moderna*. Constrói-se no juspositivismo uma ideia de liberdade como resquício de proibições de condutas pelo Estado, para salvaguarda da própria sociedade. Essa nova forma de dominação baseia-se no poder burocrático e abstrato do Estado, por meio de regras e procedimentos, tornando a liberdade aquilo que o soberano disser (BITTAR, 2019, p. 201-203).

Segundo Bittar (2019, p. 204-206), no juspositivismo, o Direito Oficial assume a condição de única forma de manifestação do Direito, tendo como reflexo o positivismo científico do século XIX, e como expoente máximo o normativismo teórico do sistema da *Teoria Pura* de Hans Kelsen, no início do século XX, que conservou ao jurista um papel diminuto de leitura da norma jurídica enquanto relação de validade. Sem a preocupação com a questão da *justiça*, esvazia-se a noção de Direito, que se esgota na definição de conjunto de normas postas pelo Estado.

Desse modo, o positivismo de Kelsen se caracterizou pela inflexão claramente focada no aspecto formalista, que se resume à perspectiva da norma, a partir da ideia de validade como pertinência formal ao sistema jurídico hierarquicamente organizado. Portanto, explica Bittar

---

5 Para o positivismo legal, apenas são reconhecidas como direito as normas instituídas pelo Estado (ZIPPELIUS, 2012, p. 34).

(2019, p. 69) que toda discussão se estrangula na avaliação do que é dado como válido pelo sistema.

Além disso, no paradigma positivista, a razão jurídica moderna, feita texto codificado, seria capaz de tudo resolver, sendo logicamente inadmissível a existência de normas contraditórias entre si. Porém, segundo Bittar (2019, p. 454-455), tais noções de completude e consistência são alvo de contestação, em razão de não evitarem as contradições sociais de um subsistema social, em permanente estado de trocas e de codependência intersistêmica.

O horror de Auschwitz desafia a ideia de suficiente proteção social sustentada pelo conceito positivista, considerando sua cisão com a moral, que, segundo Bittar (2019, p. 70), foi iniciada por Kant e radicalizada por Hans Kelsen.

Por essa razão, associa-se a decadência do positivismo à derrota do nazismo na Alemanha e do fascismo na Itália, cujas atrocidades foram cometidas sob a justificativa de cumprimento da lei emanada da autoridade competente.

A superação histórica do positivismo teve como marco filosófico o pós-positivismo[6], que contestou o postulado de separação entre direito, moral e política (virada kantiana). Assim, a doutrina pós-positivista reintroduziu ideais de justiça e legitimidade, através de uma leitura moral da Constituição e das leis, mas sem recorrer a categorias metafísicas de uma razão subjetiva, para evitar um indesejável retorno ao jusnaturalismo (BARROSO, 2009, p. 242-249).

A concepção pós-positivista descreve o *sistema jurídico* como aberto, dinâmico, lacunoso e contraditório, em virtude de fatores como o progresso da ciência, das novas descobertas empíricas, das mudanças sociais e da luta por direitos (BITTAR, 2019, p. 455).

No pensamento contemporâneo do jusfilósofo Ronald Dworkin (BITTAR, 2019, p. 546-547), a questão da interpretação se torna referência fundamental para a cultura hermenêutica, em contraposição ao modelo do positivismo jurídico. Dworkin desenvolve a tese fundamental contrária à mentalidade positivista de separação entre Moral e

6 Fenômeno consistente em ideário difuso de ideias de justiça, além da lei e da igualdade material mínima advindas da teoria crítica (BARROSO, 2009, p. 249).

Direito, na qual este deixa de ser visto como fruto da *legalidade estrita* para ser tido como instrumento de realização de valores e expectativas de justiça de uma comunidade.

Verificou-se, portanto, a partir da segunda metade do século XX, uma mudança no modo de enxergar os conflitos da sociedade, atribuindo-se novos papéis à norma, antes comprometida por sistematizações abrangentes e soluções unívocas para os problemas. Ressalve-se, no entanto, que o retorno do pensamento jurídico aos valores, em decorrência do abandono da perspectiva estritamente mecanicista, não afasta a possibilidade de surgirem conflitos entre concepções valorativas sobre os bens jurídicos tutelados pelo Direito, sendo essa uma realidade com a qual devem lidar os intérpretes do Direito, segundo Barroso (2009, p. 309).

Nesse âmbito inserem-se as inovações médicas e científicas, também responsáveis pela multiplicação de concepções pessoais de "vida boa", essencialmente valorativas e, portanto, conflituosas.

A título de exemplo, Jürgen Habermas (2004) vincula a aplicação do diagnóstico pré-implantação à seguinte questão normativa: é compatível com a dignidade humana ser gerado mediante ressalvas, e após um exame genético para ser considerado digno de uma existência e de um desenvolvimento?

A ideia de que as decisões sobre direitos reprodutivos envolvem projetos individuais de vida, no âmbito de tratamentos e procedimentos médicos, com a possibilidade de intervir no genoma humano, conduz, segundo Habermas (2004, p. 22), à renovação da indagação filosófica original sobre a vida correta no universo antropológico.

Apesar de reconhecer que, do ponto de vista liberal, a reprodução assistida oferece um aumento da autonomia pessoal, Habermas (2004) questiona se é compatível com a dignidade humana ser gerado, mediante ressalvas, e após um diagnóstico genético pré-implantatório (DGPI), para ser considerado digno de uma existência e de um desenvolvimento.

Habermas (2004) destaca, ainda, os seguintes aspectos éticos controversos, que permeiam o tema da aplicação das técnicas de reprodução humana assistida: (i) a dificuldade de chegar a um acordo político sobre o início da dignidade e proteção da vida, em uma sociedade pluralista; (ii) o fato de que algo pode ser considerado indisponível sem ser por si só um sujeito de direitos; (iii) a alteração da autocompreensão ética da espécie pela tecnicização da natureza humana; (iv) o difícil ônus de estabelecer a linha fronteiriça entre a eugenia negativa, que busca a seleção de fatores hereditários indesejáveis, e a positiva, que visa à otimização de fatores desejáveis; (v) a perspectiva reificante dos pais, que decidem sobre o programa genético dos filhos, sem a possibilidade de uma reconsideração, impedindo-se uma relação simétrica; (vi) a antecipação pelo médico de um consentimento do paciente previamente tratado, impedindo as gerações futuras de se conceberem como autoras únicas de suas vidas e também de serem responsabilizadas como tais; (vii) a situação em que embriões são descartados, com base em critérios estabelecidos de forma unilateral; (viii) a impossibilidade de prever as circunstâncias em que as intervenções genéticas serão benéficas; (ix) e a pressão exercida por mercados regidos pelas preferências pessoais sobre as relações humanas.

Em que pese a problematização levantada por Habermas, é importante destacar que a evolução da medicina reprodutiva beneficia toda a humanidade, sobretudo com a intervenção terapêutica, fornecendo os meios para gerar uma vida livre de doenças hereditárias, por meio de testes genéticos pré-conceptivos[7] ou da produção de embriões *in vitro*. Selecionam-se dessa forma apenas os saudáveis, de acordo com o consentimento livre e esclarecido do casal, ao qual se oferece a possibilidade de não interromper a gravidez.

Diante desse cenário de amplas possibilidades para o exercício dos direitos reprodutivos, o ordenamento jurídico brasileiro reflete uma escolha política, que passou a permitir, desde 2005, a destinação de embriões fertilizados *in vitro* e não utilizados em procedimento de reprodução assistida para pesquisa e terapia de células-tronco, com o fim de cura de doenças, nos termos da Lei n. 11.105/2005, que revogou a Lei n. 8.974, de 5 de janeiro de 1995.

Enquanto a anterior Lei n. 8.974/95 permitia, em seu art. 8º, III, a intervenção em material genético humano *in vivo*[8] para o tratamen-

7 São os testes realizados antes da concepção ou da união dos gametas masculino e feminino, para avaliar o risco de transmissão de doenças genéticas hereditárias ou cromossômicas.

8 A intervenção em material genético humano para o tratamento de defeitos genéticos, antes permitida pela Lei n. 8.974/95, também é conhecida como

to de defeitos genéticos, ou seja, na linha germinativa, em consonância com os princípios éticos, e sob a aprovação prévia da Comissão Técnica Nacional de Biossegurança (CTNBio), a vigente Lei n. 11.105/2005 admite a intervenção apenas na linha somática, isto é, para o benefício de indivíduos adultos, vedando qualquer manipulação em célula germinal, zigoto ou embrião humano, sob pena de incorrer-se no crime previsto em seu art. 25, com pena de reclusão, de um a quatro anos, e multa.

Logo, a despeito da alteração no objeto de intervenção da pesquisa com células-tronco, a Lei n. 11.105/2005 expressa não apenas a preocupação de evitar a transmissão de doenças hereditárias, mas também de viabilizar a pesquisa científica para o desenvolvimento de pesquisas e terapias com o fim de cura de doenças.

A classificação legal dos embriões obtidos por FIV em viáveis ou inviáveis, conforme tenham ou não alguma doença hereditária ou alteração morfológica, também interessa a este estudo.

Isso porque, se considerados inviáveis, os embriões se tornam disponíveis para utilização em pesquisa ou terapia, conforme escolha e consentimento dos genitores, sem a observância do prazo de três anos. Já se classificados como viáveis, os embriões que não forem utilizados no mesmo procedimento para o qual foram produzidos deverão ser congelados por ao menos três anos, contados da data de publicação da Lei n. 11.105/2005, ou a partir da data de congelamento, se forem obtidos posteriormente.

A diferenciação quanto à viabilidade embrionária remonta à Resolução n. 1.358/92 do Conselho Federal de Medicina (CFM), na qual primeiro, devido à anomia ainda presente, estabeleceu-se o dever de criopreservar o excedente, proibindo-se o descarte. Além disso, a referida norma fixou que toda intervenção sobre pré-embriões *in vitro* só poderia ter a finalidade diagnóstica de avaliar a sua viabilidade ou a detecção de doenças hereditárias, mediante o consentimento informado do casal.

---

terapia gênica, que consiste no tratamento de doenças herdadas ou adquiridas, por meio da manipulação de genes defeituosos. Frise-se, ainda, que há duas espécies de terapia gênica: a terapia somática, que ocorre pela manipulação das células do indivíduo adulto; e a terapia germinativa, que é realizada em gametas ou células reprodutoras, envolvendo apenas a descendência do indivíduo (SÁ; NAVES, 2018, p. 283-284).

Do mesmo modo, a subsequente Resolução CFM n. 1.358/92 dispusera que o destino dos pré-embriões produzidos em laboratório deveria ser decidido pelos pacientes, aos quais também se atribuiu o dever de criopreservar o excedente, sem a possibilidade de descarte ou destruição.

A Resolução CFM n. 1.957/2010 prescreveu que, do número total de embriões produzidos em laboratório, apenas os excedentes viáveis deveriam ser criopreservados, alterando, assim, o dever de congelar todos os pré-embriões produzidos em laboratório.

A partir da Resolução CFM n. 2.013/2013, passou a ser permitido expressamente o descarte de embriões criopreservados por mais de cinco anos. O prazo de congelamento obrigatório de cinco anos foi mantido pela Resolução CFM n. 2.121/2015, mas, posteriormente, foi reduzido para três anos pela Resolução CFM n. 2.168/2017, alinhando-se ao texto da Lei n. 11.105/2005.

A Resolução CFM n. 2.294/2021 revogou a Resolução CFM n. 2.168/2017, porém manteve o mesmo prazo de três anos de criopreservação obrigatória para os embriões excedentários viáveis, bem como autorizou o descarte dos embriões inviáveis, com a concordância expressa dos pacientes e mediante autorização judicial (item V, 4 e 5).

Posteriormente, a Resolução CFM n. 2.169/2017 foi revogada pela Resolução CFM 2.320, de 1º de setembro de 2022. O atual dispositivo prescreve que os excedentes viáveis devem ser criopreservados, mas não faz menção a qualquer prazo, bem como afasta a necessidade de autorização judicial.

Apesar da tentativa do legislador e do Conselho Federal de Medicina de esclarecerem as circunstâncias de incidência do dever de criopreservação de embriões, constata-se que o uso de conceitos científicos, por meio da classificação quanto à viabilidade, introduziu no ordenamento jurídico uma discussão que vem impregnada de concepções valorativas sobre a natureza jurídica do embrião *in vitro*.

No âmbito do debate acerca da viabilidade embrionária, cabe destacar a pertinência da pergunta fundamental da filosofia, que é discernir qual vida vale a pena ser vivida, pois, a depender das condições morfológicas do embrião, autoriza-se ou não o seu consumo em pesquisa e terapia, impedindo-se o desenvolvimento de um novo ser humano.

Assim, a questão do sentido da vida, ainda sem resposta, é colocada, sob a ótica biojurídica, pelo Estado na rotulação dos embriões como viáveis ou inviáveis para uma existência e um desenvolvimento. Mas será que a classificação aplicada aos embriões *in vitro* faz algum sentido que justifique o dever de criopreservação?

É possível também afirmar que a classificação dos embriões *in vitro* quanto à viabilidade é um sinal da ação biopolítica do Estado, que subtrai dos genitores a possibilidade de decidir o destino de seus embriões, ante a fixação do dever de congelamento obrigatório dos viáveis, em que pese o fato paradoxal de inexistir qualquer vedação de transferência dos inviáveis para o útero?

Diante de tais questionamentos e considerações, torna-se relevante responder a quem cabe o direito de decidir o destino de embriões criopreservados, e quais limites ao seu exercício são considerados legítimos pelo Direito. Igualmente se destaca a insuficiência das soluções postas pelos dispositivos deontológicos, nos quais também se observa um sistema codificado de regras fechadas, que não contempla soluções para toda a potencialidade conflitiva das novas práticas científicas, a despeito da intenção declarada de apenas orientar eticamente a atuação médica (SÁ; NAVES, 2018, p. 17-18).

Nesse panorama, e considerando a ausência de leis sobre a aplicação das técnicas de reprodução assistida, indaga-se, ainda, se é cabível a regulamentação das relações privadas por resoluções do Conselho Federal de Medicina, como autarquia que regula a atuação do profissional médico.

1.1 A INTERPRETAÇÃO PLURALISTA DO ORDENAMENTO JURÍDICO

Como foi dito anteriormente, diante da ausência de normas jurídicas regulamentando a aplicação das técnicas de reprodução humana assistida, o Conselho Federal de Medicina editou sucessivas resoluções a fim de balizar, do ponto de vista ético, a conduta do médico, visto que tal realidade exigia que assim fosse feito, para imprimir segurança à relação com o paciente, evitando abusos e desvios no cumprimento dos princípios bioéticos e biojurídicos.

Dito isso, resta responder se há legitimidade na regulamentação das relações privadas por resoluções do Conselho Federal de Medicina, autarquia que regula a atuação do profissional médico.

Em que se baseia a regulamentação por esse Conselho de questões que poderiam ser objeto de leis, por tocarem direitos fundamentais, com base na configuração atual de nosso ordenamento jurídico?

Considerando a abertura e a dinamicidade do sistema jurídico atual, é possível sim pensar na interpretação pluralista por participantes de um círculo muito mais amplo que o dos chamados "operadores do Direito", conforme sustenta Peter Häberle (2013) em seu clássico texto que contradiz a ideia de monopólio da razão jurídica.

Segundo Häberle (2013), coloca-se como novo problema da teoria da Constituição a questão relativa aos participantes da interpretação. O jurista alemão defende, como resultado da incorporação das ciências sociais e jurídico-funcionais ao discurso jurídico, que existe um círculo muito mais amplo de participantes do processo de interpretação constitucional, contrariamente à teoria da interpretação de uma "sociedade fechada" de juízes, no âmbito de procedimentos formalizados.

Assim, propõe Häberle (2013) a tese de que não é possível estabelecer um elenco fixo de intérpretes da Constituição, como tem sido até agora, em que tomam parte apenas os intérpretes jurídicos vinculados às corporações, devendo os critérios de interpretação ser tanto mais abertos quanto mais for pluralista a sociedade.

Esclarece Häberle (2013) que a pessoa que vive a norma em um contexto democrático como destinatária acaba por interpretá-la, de forma antecipada (pré-intérprete), como participante ativo do processo hermenêutico não circunscrito apenas aos intérpretes jurídicos da Constituição, significando que tanto o processo de formação do ordenamento jurídico quanto o seu desenvolvimento posterior revelam-se pluralistas. Para tanto, as teorias da Constituição e da hermenêutica propiciam uma mediação específica entre Estado e sociedade.

Nesse sentido, Häberle (2013) destaca o papel da opinião pública democrática e da doutrina no processo político como grandes estimuladores, concluindo não ser a interpretação constitucional um "evento exclusivamente estatal".

Com relação à legitimidade, ensina Häberle (2013) que a ampliação do círculo dos intérpretes busca integrar a realidade ao processo de interpretação, partindo da noção de que a norma não é uma decisão prévia, simples e acabada, tampouco objeto de um processo de passiva submissão, tendo em vista a nova orientação hermenêutica contrária à ideologia da subsunção e de estrita correspondência entre vinculação à Constituição e legitimação para sua interpretação apenas pelos intérpretes formais.

Além disso, não haveria que se temer a possibilidade de dissolução da interpretação constitucional ou perda da unidade da Constituição com a adoção da tese pluralista, uma vez que aquela surge da conjugação da atuação de diferentes intérpretes, como elementos do quadro da Constituição, caracterizando a integração (HÄBERLE, 2013).

Acerca da legitimação das forças pluralistas na interpretação constitucional, Häberle (2013) entende, ainda, que limitar a hermenêutica constitucional aos intérpretes "corporativos" empobreceria o debate constitucional.

Desse modo, a sociedade torna-se aberta e livre, porque todos estão aptos a oferecer alternativas para a interpretação constitucional, em virtude das necessidades e possibilidades da comunidade, que antecedem os textos constitucionais. Para garantia da abertura e espontaneidade das formas de participação, entram em ação os princípios e métodos de interpretação constitucional, como filtros sobre os quais a força normatizadora da publicidade atua e ganha conformação, preservando a participação responsável de diferentes grupos de interlocutores ou *partners* como elementos pluralistas de interpretação que legitimam o processo constitucional, em razão da garantia das liberdades fundamentais de caráter positivo (HÄBERLE, 2013).

Por isso, apesar da crítica à falta de abertura do sistema de regras deontológicas, entende-se legítima a atuação do CFM na condição de intérprete da Constituição, sobretudo porque, ao colocar em evidência o problema dos embriões excedentários, provoca a atuação do Estado na qualidade de intérprete "corporativo", que tem o papel de normatizar as demandas da sociedade.

Portanto, na ausência de leis sobre questões biojurídicas, infere-se possível ao intérprete recorrer aos preceitos deontológicos firmados pelo CFM, haja vista que sem eles a atividade médica estaria fragilizada e receosa de aplicar novos conhecimentos e tecnologias adquiridos com pesquisas, em função do maior risco de incidência de responsabilidade civil, a despeito da repercussão das referidas normas éticas sobre o exercício dos direitos fundamentais dos pacientes.

Quanto à eficácia do dispositivo deontológico do CFM, visualiza-se um exemplo característico da pluralidade das fontes normativas, plenamente admissível em consonância com o pensamento de Pietro Perlingieri (2002, p. 7-8), para quem a "unidade do ordenamento não exclui a pluralidade e a heterogeneidade das fontes".

Isso, é claro, não afasta a reflexão crítica que ora se faz sobre os dispositivos deontológicos editados pelo CFM, tampouco diminui a necessidade de uma adequada regulamentação pelo Estado de tais questões, restando saber qual vertente será adotada, apesar de já se perceber a preponderante tendência intervencionista dos projetos de lei que tratam da criopreservação de embriões.

Sobre a monopolização do fenômeno jurídico pelo legislador, Pietro Perlingieri (2002, p. 22) assevera que "A representação política tende a transformar-se em uma representação fictícia e a deixar que poucos os mais fortes e organizados decidam por todos. Com o advento da lei do mais forte, é inevitável que direito e Justiça estejam em crise".

Percebida a observância de princípios bioéticos, como beneficência, autonomia e justiça, conquanto se diga que os dispositivos deontológicos do CFM têm como destinatários imediatos os profissionais médicos, a sociedade também se beneficia da adequação ética do agir na esfera médica, sendo necessário, entretanto, atentar para os limites das normas deontológicas, a fim de evitar a colisão com os direitos e garantias constitucionais.

Afora isso, as normas deontológicas são mais capazes de acompanhar a rápida evolução da ciência sem cair na obsolescência de uma regra ultrapassada, consoante frisam Tallarico e Martins:

> Contudo, as normas cogentes não são eficazes a ponto de tutelar de forma mais específica intervenções humanas na vida, vez que um processo legislativo é moroso, não acompanhando o desenvolvimento da biotecnologia. Por isso, o Conselho Federal de Medicina edita normas deontológicas, destinadas aos profissionais da saúde médica responsáveis pela engenharia genética. São as chamadas resoluções, que possuem força cogente apenas para determinado grupo de indivíduos, sendo aplicadas administrativamente (TALLARICO; MARTINS, 2014, p. 156).

Não se olvide também que a positivação dos fenômenos sociais pelo Direito não garante que a liberdade será contemplada em todos os aspectos pertinentes, considerando que pode haver projetos de lei conflitantes com as liberdades individuais.

Por outro lado, por se encontrar inserida no pluralismo normativo[9], a flexibilidade da norma médico-deontológica pode ser identificada como vantagem em relação à intervenção do Direito, que geralmente incorpora critérios rígidos e inconciliáveis com diferentes possibilidades interpretativas de novas concepções e perspectivas de situações conflituosas.

Apesar de incumbir ao Direito oferecer soluções para conflitos nas relações privadas, não se descarta a atuação do Conselho Federal de Medicina, porquanto a aplicação de normas deontológicas confere efetividade a diversos direitos e princípios fundamentais, como o da autonomia privada e o da dignidade da pessoa humana. Não cabe apenas ao ordenamento desatar o nó górdio que diz respeito à inércia legislativa e à definição da legitimidade de interpretação da Constituição, mas a toda a sociedade.

Nesse sentido, Sandra Lima Alves Montenegro (2004, p. 199) enfatiza que o pluralismo de fontes normativas é uma tendência mundial, que vem sendo confirmada pela formação de documentos por comitês de bioética como a Comissão Warnock, na Inglaterra; e a *National Comission for the Protection of Human Subjects of Biomedical and Behavioral Research*, responsável pelo Relatório Belmont, em 1978, nos Estados Unidos, e outros mais.

Por isso a importância do argumento defendido por Maria do Rosario H. Sánchez Morales (2007, p. 260) de que os cidadãos sejam alfabetizados em questões científicas, a fim de que suas opiniões sejam consideradas no momento da discussão sobre linhas de investigação e técnicas hoje desenvolvidas no campo da genética humana, contribuindo para o progresso material e espiritual da sociedade.

Desse modo, preocupa o analfabetismo científico do legislador, sobretudo quando se percebe a tendência ao enrijecimento de regras

9 Por pluralismo normativo se entende a possibilidade de reconhecimento de diferentes fontes normativas.

nas interações entre ciência e Direito. Melhor seria a maximização do conhecimento das consequências do agir humano, para que, conforme Helena Pereira de Melo:

> A prudência torna-se, deste modo, no "nosso primeiro dever ético", porque o que está em causa "é a própria natureza e imagem do homem" e porque "em face das potencialidades paraescatológicas dos nossos processos tecnológicos, a ignorância das implicações últimas torna-se ela própria numa razão para que se faça uso de comedimento responsável" (MELO, 2008, p. 177).

Em sentido contrário, Eduardo de Oliveira Leite (*Apud* Orselli, 2016, p. 87) diz que falta legitimidade aos Conselhos de Medicina para regular relações privadas, por carência de coercitividade das normas éticas, bem como pelo fato de não terem sido elaboradas por representantes da sociedade como um todo.

Contudo, segundo Habermas (2004, p. 106), o direito encarna a ideia de reconhecimento recíproco entre pessoas livres e iguais que se associam para regulamentar legitimamente seu convívio com o auxílio das leis, motivo pelo qual, do ponto de vista constitutivo de uma comunidade democrática, a relação entre o cidadão e o Estado deixa de ser privilegiada quanto à dimensão horizontal das relações entre os cidadãos.

Assim, no tocante à legitimidade, verifica-se que a observância de princípios bioéticos, que asseguram respeito a direitos fundamentais dos cidadãos de uma comunidade democrática, confere o caráter de legitimidade aos dispositivos deontológicos.

Isso não afasta a preocupação de Habermas (2004, p. 105) com o perigo do uso abusivo da violência social pelas pessoas na dimensão horizontal de seus relacionamentos, sob a perspectiva liberal, que se coloca por trás do receio representado pelo uso abusivo da violência social pelo poder político, por meio da postura intervencionista do Estado.

Acerca da tendência intervencionista do Estado sobre a autonomia reprodutiva dos indivíduos, também é preciso entender como e por que ocorre o processo de inclusão das situações envolvendo embriões congelados no Direito, a fim de lançar luz sobre as questões de legitimidade, os limites da intervenção estatal e a relação entre a vida biológica produzida em laboratório e a política. Essas questões permeiam a hipótese do problema de assegurar os direitos reprodutivos e a liberdade de planejamento familiar, diante dos efeitos decorrentes da aplicação das biotecnologias.

1.2 O EMBRIÃO *IN VITRO* E A LÓGICA DA SOBERANIA ESTATAL

Giorgio Agamben (2010, p. 9) ensina que, na Antiguidade, os gregos serviam-se de dois elementos para exprimir a palavra vida: *zoé*, que significava o simples fato de viver, comum a todos os seres vivos, e *bíos*, que indicava a forma de viver própria do indivíduo ou grupo. Assim, desde a Antiguidade, portanto, a simples vida natural encontrava-se excluída da pólis, pois era confinada como vida meramente reprodutiva. Por essa razão, quando Aristóteles define o homem como *politikòn zôon*, o político não corresponde a um atributo do vivente, mas a uma diferença que distingue a política humana da dos outros seres viventes.

Para Agamben (2010, p. 11), o ingresso da *zoé* na esfera da pólis, isto é, a politização da vida nua, constitui o evento decisivo da modernidade, tendo transformado a política em biopolítica e resultado na animalização do homem, mediante a difusão pelas ciências humanas e sociais da possibilidade de proteger a vida e de autorizar seu holocausto.

A pesquisa empreendida por Agamben (2010, p. 14) em seu livro *Homo sacer: o poder soberano e a vida nua I* teve como foco o ponto oculto de intersecção entre o modelo jurídico-institucional e o modelo biopolítico do poder, a partir da ideia de uma implicação da vida nua na esfera política como constitutiva de seu núcleo originário, com atenção ao sentido atribuído pela definição aristotélica da pólis como oposição entre viver (*zên*) e viver bem (*eû zên*), no sentido de demonstrar a implicação da vida nua na vida politicamente qualificada.

Agamben (2010, p. 16) defende que a vida humana é incluída no ordenamento unicamente sob a forma de sua exclusão (absoluta matabilidade). Assim, o que caracteriza a política moderna não é tanto a inclusão da *zoé* na pólis, mas o fato de que o espaço da vida nua vem progressivamente coincidindo com o espaço político, exclusão e inclusão, externo e interno, *bíos* e *zoé*, direito e fato, resultando no estado de exceção, no qual a vida nua é ao mesmo tempo excluída e capturada pelo ordenamento, como fundamento oculto do inteiro sistema político.

Dessa forma, para Agamben (2010, p. 18), a vida nua continua presa à política sob a forma de exceção, de algo incluído sob a forma de exclusão. A norma se aplicaria à exceção desaplicando-se, retirando-se desta, de modo que o estado de exceção não é o caos que precede a ordem, mas a situação de sua suspensão.

O ordenamento jurídico-político teria, portanto, a estrutura de uma inclusão daquilo que é ao mesmo tempo expulso, não como uma situação de fato ou de direito, mas exprimindo a estrutura originária da relação jurídica. A exceção soberana (como zona de indiferença entre natureza e direito) é a pressuposição da referência jurídica na forma de sua suspensão. Por essa razão, a norma que veta o homicídio está inscrita como exceção pressuposta (morte soberana no estado de exceção) (AGAMBEN, 2010, p. 25).

E mesmo aquilo que não pode ser em nenhum caso incluído vem a ser incluído na forma de exceção. Nesse sentido, a estrutura "soberana" da lei assume a forma de um estado de exceção, em que fato e direito são indistinguíveis, em que a vida está implicada na esfera do direito, sob a forma de exclusão inclusiva. Por esse motivo, o limiar em que a vida está dentro e fora do ordenamento jurídico constitui o lugar da soberania (AGAMBEN, 2010, p. 31).

Agamben (2010, p. 32) ensina, ainda, que o direito tem caráter normativo, não porque prescreve, mas porque cria o âmbito da própria referência na vida real, na qual um fato é incluído na ordem jurídica através de sua exclusão, e a transgressão parece preceder e determinar o caso lícito.

Se a exceção é a estrutura da soberania, esta não é, então, um conceito exclusivamente político, pois é também a estrutura originária na qual o direito se refere à vida e a inclui em si através da própria suspensão (AGAMBEN, 2010, p. 35).

A fim de demonstrar o vínculo oculto que sempre ligou a vida nua ao poder soberano, Agamben traça um paralelo com a figura do *homo sacer*, que, no direito romano arcaico, podia ser morto por qualquer um impunemente, mas não devia ser sacrificado, segundo as normas prescritas pelo rito. Em outras palavras, o *homo sacer* era simplesmente posto para fora da jurisdição humana, sem ultrapassar a divina, visto que a licitude de sua matança não constituía sacrilégio, do mesmo modo que, na exceção soberana, a lei se aplica de fato ao caso excepcional desaplicando-se, isto é, retirando-se deste (AGAMBEN, 2010).

Dessa maneira, para Agamben (2010, p. 85), a sacralidade é a forma originária da implicação da vida nua na ordem jurídico-política, ou seja, a vida, no âmbito da exclusão inclusiva, serve como referente à decisão soberana. A violência do pai sobre o filho ou a fraude do fornecedor em relação ao cliente não teriam o caráter de transgressão de uma norma, à qual se segue a sanção, constituindo antes a exceção originária, na qual a vida, exposta a uma matabilidade incondicionada, vem a ser incluída na ordem política.

Segundo Agamben (2010, p. 106), apesar de modernamente existir o hábito de representar o espaço da política em termos de direitos do cidadão, de livre-arbítrio e de contrato social, autenticamente política é somente a vida nua, e a violência soberana é fundada sobre a inclusão exclusiva da vida no Estado.

O filósofo italiano conclui que o elemento político originário é a vida sacra, porém, em virtude da continuidade da história semântica do princípio da sacralidade da vida, o que se tem hoje é uma vida exposta a uma violência sem precedentes, ocasionada pela intrusão de princípios biológico-científicos, tal como ocorreu por meio da eugenética nacional-socialista alemã, com o aniquilamento da vida indigna de ser vivida, e no debate sobre a determinação normativa dos critérios da morte (AGAMBEN, 2010, p. 113).

Para Agamben (2010, p. 176), o rendimento fundamental do poder soberano é a produção da vida nua como elemento político original e como limiar de articulação entre natureza e cultura, *zoé* e *bíos*, o que implica dizer que a política ocidental é, desde o início, uma biopolítica, tornando-se vã a tentativa de fundamentar as liberdades políticas nos direitos do cidadão.

Com base nas lições de Agamben, pode-se inferir que o embrião *in vitro* representa a pura *zoé* natural, capturada como tal pelo Direito, na forma de exceção, que se aplica a ela desaplicando-se, em função de critérios biológico-científicos referentes à viabilidade da vida embrionária, visando à eliminação de uma "vida indigna de ser vivida", na mais íntima relação com a soberania.

Assim, o embrião *in vitro* é incluído na ordem política sob a forma de sua exclusão, não como sujeito vivente, mas como objeto de uma forma de exceção, que, ainda assim, apresenta uma articulação entre *zóe* e *bíos*, a partir de uma "ideologia da potência", tendo em vista uma futura vida humana que poderá se desenvolver no útero materno, desde que preencha determinados critérios de viabilidade, que condicionam a eventual possibilidade de sua destruição.

Verifica-se, pois, que a exclusão dos embriões *in vitro* consiste na possibilidade de seu uso em pesquisa e terapia, quando não forem utilizados no respectivo tratamento de reprodução assistida para o qual foram produzidos em laboratório, uma vez transcorrido o prazo de três anos, ou se forem classificados como inviáveis por alterações morfológicas.

Além disso, a inclusão-exclusão do embrião *in vitro* no Direito também indica que as fronteiras biopolíticas continuam a se mover, através do entrecruzamento com as ciências médicas e biológicas, alcançando um dos primeiros estágios da vida humana.

Nesse sentido, é possível compreender a relação entre a vida biológica do embrião *in vitro* e a lógica soberana pela forma como a vida é separada e excepcionada no ordenamento estatal, tendo como consequências a subtração dos genitores da possibilidade de decidir o destino de seus embriões e a fixação do dever de congelamento obrigatório dos viáveis, no âmbito da relação que leva o Estado a incluir a vida natural nos seus mecanismos e cálculos. Infere-se ser necessário, assim, promover a discussão, de forma permanente, sobre a legitimidade de tais regras estatais, especialmente quando se tratar de uma inclusão-exclusão que restringe direitos fundamentais.

Capítulo 2

BIOÉTICA E BIODIREITO

No estágio atual de desenvolvimento científico, os avanços médicos se colocam em uma estrutura capaz de oferecer à sociedade condições para uma vida melhor, possibilitando cada vez mais ao indivíduo a chance de cura e prevenção de doenças.

Contudo, segundo destacam Sá e Naves (2018, p. 4-5), juntamente com os benefícios resultantes da investigação científica existe a preocupação ética com as consequências das práticas biológicas, que remonta à Grécia Antiga de Hipócrates[10], mas que adquiriu novo significado por absoluta necessidade de regular e impor limites à liberdade de pesquisa científica.

Isso porque, sobretudo após a Segunda Guerra Mundial, percebeu-se que o progresso científico deveria ser objeto de controles, visando à promoção da responsabilidade com a vida e integridade dos sujeitos envolvidos em pesquisas, mediante a necessária criação de novos padrões de conduta médica e científica, preocupados com os aspectos éticos das experimentações. Garantir-se-ia assim a participação ativa e informada do paciente no processo decisório de cuidados de saúde.

A descoberta do DNA (ADN, em português: ácido desoxirribonucleico; ou DNA, em inglês: *deoxyribonucleic acid*), nos anos 1960, tornou ainda mais evidente a necessidade de mecanismos de controle, ante a possibilidade de manipulação da formação básica da vida em experimentos e tratamentos médicos.

---

[10] Ao grego Hipócrates se atribui a criação do famoso juramento médico, que reflete a preocupação com o bem-estar do paciente e com o sigilo médico.

Porém, afigura-se inegável que o legislador encontra certa dificuldade para acompanhar, na mesma velocidade, a rapidez das inovações biotecnológicas, bem como de regular todas as implicações éticas das descobertas, assegurando uma utilização voltada apenas para o bem da humanidade, e com segurança para o meio ambiente e outros seres vivos.

Nesse contexto, a bioética surgiu com a finalidade de tratar dos vários aspectos da vida influenciados pelas descobertas científicas relacionadas à saúde humana e às interações com o meio ambiente, tanto no campo da aplicação dos processos biológicos como em face da possibilidade de manipulação do material genético, na pesquisa científica de doenças, levando em consideração os valores éticos e os fins da sociedade (SÁ; NAVES, 2018, p. 15).

A bioética foi pensada, portanto, para ser uma disciplina "[...] que estuda os aspectos éticos das práticas dos profissionais da saúde e da Biologia, avaliando suas implicações na sociedade e relações entre os homens e entre esses e outros seres vivos", conforme definem Sá e Naves (2018, p. 8).

Em síntese, Romeo-Casabona (2004, p. 22) conceitua a bioética como a *disciplina especializada, dentro da Ética geral*, da qual a primeira extrai parte substancial de seus fundamentos.

Conforme descreve Ivan de Oliveira Silva (2008, p. 62-63), a ética constitui uma ciência com princípios próprios, que tem por objeto o estudo sistemático da moral e de seus desdobramentos práticos no contexto de determinado segmento social.

Queiroz (2015, p. 32) ressalta como importante característica da ética a "relativa capacidade de avaliação e sugestão dos fins humano-universais, de tal forma que as suas prescrições se pretendem objetivas apenas mediante um acordo intersubjetivo, num determinado momento do devir humano".

O termo *bioética* foi utilizado pela primeira vez em 1971, pelo médico oncologista estadunidense e pesquisador da Universidade de Wisconsin (EUA) Van Rensselaer Potter, autor do artigo "Bioethics, the Science of Survival", uma necessária abordagem ética dos problemas provocados pelo avanço das ciências biomédicas, ante a constatação do avanço tecnológico desprovido de reflexão sobre sua utilização (DALL'AGNOL, 2005, p. 7).

Consistente num neologismo construído a partir da junção das palavras gregas *bios* (vida) + *ethos* (relativo à ética), o termo "bioética" utiliza como paradigma de referência antropológica moral o valor supremo da dignidade da vida e autonomia da vontade em face dos dilemas morais das éticas médica e filosófica suscitados pela biomedicina (MALUF, 2015, p. 7-8).

Assim, Maluf (2015, p. 6-7) define bioética como o estudo que discute a responsabilidade moral da ação orientada pelo conhecimento científico aplicado a pesquisas na área da saúde humana e dos animais[11].

Quanto ao objeto de estudo da bioética, entende, ainda, Maluf (2015, p. 10) que pode ser ele dividido em dois temas dentro de um diálogo multidisciplinar: a microbioética, que trata dos limites da liberdade individual nas relações entre médicos e pacientes, e entre as instituições e os profissionais de saúde; e a macrobioética, que tem por objeto o estudo dos limites à liberdade individual nas questões ecológicas voltadas para a preservação da vida humana e de cunho ambiental.

Ivan de Oliveira Silva compartilha da mesma visão de Maluf (2015) ao delimitar o campo de abrangência das duas variantes terminológicas supracitadas:

> [...] temos o que se convencionou chamar de macrobioética a que se encarrega da ecologia, com o objetivo de discutir os problemas éticos relacionados à preservação do homem a partir de uma perspectiva de ser inserido no ecossistema.

Por outro lado, temos a microbioética – não menos importante que o outro segmento –, que se preocupa com as relações entre os agentes da área médica, num contexto de interação entre o profissional e o paciente (SILVA, 2008, p. 65-66).

A bioética se preocupa, portanto, com o correto agir do homem no ramo científico, em razão das pesquisas e aplicações produzidas pelo progresso das tecnologias aplicadas à saúde, funcionando como instrumento de análise das responsabilidades das condutas e decisões políticas advindas dos conhecimentos adquiridos com a experimentação

[11] No Brasil, a pesquisa com animais é regulamentada pela Lei n. 11.794, de 8 de outubro de 2008.

científica, em um cenário interdisciplinar e plural, a fim de auxiliar a identificação e a solução de conflitos, sem fazer particularizações típicas de normas jurídicas.

Sobre a origem da bioética, Sá e Naves ensinam que esta

> [...] surge como corolário do conhecimento biológico, buscando o conhecimento a partir do sistema de valores. Embora se refira, frequentemente, aos problemas éticos derivados das descobertas e das aplicações das ciências biológicas, que tiveram grande desenvolvimento na segunda metade do século XX, mister ressaltar que referida ciência tem, entre suas preocupações principais, a questão da autonomia do paciente e a questão ambiental (SÁ; NAVES, 2018, p. 2).

Modernamente, Maluf (2015, p. 4-5) destaca que o debate ético atual aponta para os seguintes temas mais relevantes: o direito à vida, desde o que se entende por início e fim, no âmbito dos problemas ético-jurídicos acerca da realização de transplantes de órgãos e tecidos humanos e da clonagem; a relação dos direitos da personalidade e dos direitos humanos com o biodireito, no que tange às questões de identidade genética, de gênero, orientação sexual e reprodução humana assistida; o direito ao patrimônio genético em face do desenvolvimento de práticas de eugenia; e o equilíbrio do meio ambiente, por meio do respeito à biodiversidade.

Por sua vez, o biodireito pode ser definido como ramo do estudo jurídico, resultado da associação entre bioética e direito, que tem por objeto de estudo as relações jurídicas decorrentes do progresso científico, abrangendo o corpo e a dignidade da pessoa humana (MALUF, 2015, p. 16-17).

O biodireito surgiu, portanto, da necessidade de impor limites a serem observados nas diversas experiências científicas, por meio de normas jurídicas especialmente criadas para delimitar a autonomia científica na área da saúde, quando então se mostra cabível a aplicação da sanção preestabelecida pelo Estado (SILVA, 2008, p. 74).

No mesmo sentido, para Romeo-Casabona (2004, p. 18), o biodireito adveio como reflexo de uma necessária aproximação do Direito à Ciência, que se deu por meio da regulação normativa das relações sociais emergentes, na aplicação de princípios gerais básicos, alguns deles já integrados juridicamente, como o da autonomia individual e o da dignidade humana, e, em caráter excepcional, pela introdução de novos princípios axiológicos.

Desse modo, a principal preocupação do biodireito é estabelecer, mediante atuação no campo destinado aos mandamentos jurídicos, um limite seguro que permita o avanço científico das novas realidades, de forma compatível com a garantia de valores mínimos reconhecidos como essenciais ao ser humano.

Como ordem pragmática dotada de coercibilidade aplicável à solução de conflitos, o biodireito constitui *disciplina jurídica autônoma de natureza interdisciplinar* (ROMEO-CASABONA; QUEIROZ, 2004, p. 16), com importância reconhecida no tratamento orientador do ordenamento jurídico em questões e conflitos concernentes aos avanços biomédico e biotecnológico, tais como direitos e deveres dos médicos e pacientes em suas relações, transplantes de órgãos, eutanásia, equilíbrio dos sistemas naturais, reprodução assistida (RA) etc.

Outrossim, os subsistemas que se ocupam das ciências da vida, bioética e biodireito correspondem, respectivamente, aos ramos da Ética e do Direito, com a missão de ajustar e controlar as aplicações das propostas científicas (BERIAIN. *In*: ROMEO-CASABONA; SÁ, 2007, p. 79).

2.1 A RELAÇÃO ENTRE A BIOÉTICA E O BIODIREITO

A proximidade ou confluência entre biodireito e bioética se verifica ante a necessidade de atribuir ao Direito uma dimensão moral, relacionada à disciplina responsável de questões importantes para a vida humana, que são problematizadas pelas várias aplicações práticas decorrentes do avanço da ciência e da atuação dos profissionais da saúde.

Segundo Sá e Naves (2018, p. 20-21), o biodireito se relaciona com a bioética em virtude da complexidade dos temas que exigem lançar mão de principiologia própria, na busca da decisão correta, muito além da lógica normativa binária positivista.

Assim, em sua estreita vinculação com a ética, o Direito se dirige a uma conduta, utilizando como referencial um juízo de valor, necessariamente associado à realidade e, portanto, apto a reger os comportamentos humanos em sociedade, com o auxílio de regras e princípios, promovendo a regulação social (NAMBA, 2015, p. 7).

Quanto à relação pluridisciplinar entre biodireito e bioética, explica Helena de Azeredo Orselli que:

> O Biodireito pode e deve orientar-se pela reflexão bioética, mas não se confunde com a Bioética, nem a substitui, posto que são diferentes áreas do conhecimento e que vivem em uma relação de interdependência e cooperação (ORSELLI, 2016, p. 79).

Como ciência transdisciplinar, a bioética analisa as questões éticas relativas à intervenção nos seres vivos, para garantir uma aplicação responsável dos conhecimentos científicos sobre a vida humana, animal e sobre o meio ambiente. Daí se percebe a importância dos sistemas éticos, pois estes, segundo Guerra (2015, p. 28), têm como referencial a matriz de "bem", a partir da qual são deduzidos princípios produtores de normas morais, capazes de orientar o agir humano. Uma vez tidas como legítimas, tais normas visam à proteção da vida, auxiliando, ainda, na resolução dos *hard cases*.

Por meio da interdisciplinaridade é possível construir parâmetros jurídicos para superação de dificuldades geradas pelo desenvolvimento científico, em um terreno marcado por profundas e complexas alterações conceituais, das quais se serve o Direito com significativa dependência.

Na mencionada relação entre biodireito e bioética, manifesta-se com mais clareza a distinção metodológica entre a zetética e a dogmática, com base na qual a primeira perquire a base valorativa presente na situação, partindo de uma abordagem filosófica, principiológica e valorativa, ao tempo em que a segunda se localiza na estrutura do Direito positivado, limitando-se à verificação da validade jurídica da norma aplicável à conduta exigida, cuja desobediência, quase sempre, acarreta uma sanção imposta pelo Estado (SÁ; NAVES, 2018, p. 9).

Embora ambos tenham caráter prescritivo, o biodireito constitui um microssistema jurídico com princípios e fundamentos autônomos do Direito Comum, direcionado a estruturar soluções intrassistêmicas e a normatizar os fenômenos sociais derivados das descobertas científicas, através de um procedimento dogmático. Logo, enquanto o biodireito se vale da zetética para sua elaboração, a bioética, como ramo da Ética e da

Filosofia, possui uma abordagem transistemática, que provoca questionamentos transdisciplinares, abertos e infinitos, interessando-se apenas pelo valor da situação vigente, passível de incorporação pelo sistema dogmático (SÁ; NAVES, 2018, p. 9-12).

Apesar de haver imprecisão quanto ao uso dos termos biodireito e bioética, Sá e Naves (2018, p. 9-15) observam que a principal distinção reside na coexistência de duas ordens normativas, com diferentes formas de abordagem e força cogente, a saber: o Direito como ordem pragmática de solução de conflitos e a Moral como ordem normativa auxiliar para formulação e aplicação do Direito.

À luz dessa transdisciplinaridade, e em face da complexidade das questões relacionadas à aplicação científica, o biodireito demanda um sistema aberto de regras para oferecer as necessárias respostas aos desdobramentos da biotecnologia.

Desse modo, conforme Romeo-Casabona (2004, p. 26), apresentando o mesmo objeto de estudo, a bioética e o biodireito se relacionam e influenciam um ao outro, separados conceitualmente pelo fato de não haver a mesma coerção externa na bioética, para observância do comportamento moralmente correto, que é prevista no biodireito.

Em arremate, guardadas as semelhanças, em especial a identidade de objeto de estudo, qual seja o avanço das ciências médicas e suas implicações ético-jurídicas, haveria, portanto, diferenças entre o microssistema normativo do biodireito e a bioética: o biodireito constitui-se de regras e princípios destinados a cuidar da regulamentação das condutas e solucionar problemas envolvendo pesquisas e práticas resultantes das descobertas científicas; ao passo que a bioética expressa a reflexão filosófica sobre os valores de uma dada sociedade, sem a pretensão de substituir o Direito na solução de problemas.

Romeo-Casabona (2004, p. 23) enxerga, no entanto, a tendência de substituir normas bioéticas por normas biojurídicas, pois parte dos estudiosos tende a tratar problemas éticos como se fossem problemas legais, especialmente em países europeus e ibero-americanos.

Edison Tetsuzo Namba (2015, p. 14) vai mais além, ao afirmar que é o momento de se preocupar com o biodireito, o qual deve se desvincular da bioética, em razão de esta servir mais a uma finalidade política, como para fazer prevalecer o entendimento religioso ou o laico.

Assim, para Namba, questões como o confronto entre curar alguém e realizar pesquisas com destruição do embrião estariam no âmbito do biodireito, e por ele devem ser solucionadas, sob pena de se restringir a liberdade científica.

Contudo, constata-se um obstáculo em regular um conflito ético exclusivamente pelo Direito, já que este escolhe apenas uma dentre as várias soluções possíveis, refreando a liberdade individual. Tal fenômeno se assemelha à *ideologia da subsunção*, descrita por Pietro Perlingieri (2002, p. 6) como aquela em que as escolhas interpretativas do jurista são mascaradas como neutras, desresponsabilizando a doutrina.

No entendimento de Romeo-Casabona (ROMEO-CASABONA; SÁ, 2007, p. 31-32), entre as razões mais significativas que justificam a intervenção do Direito nos diversos aspectos da biotecnologia estão o objetivo de garantir o respeito ao direito de liberdade científica; a facilitação de acesso aos benefícios obtidos pelas biotecnologias; o encaminhamento do processo investigativo, assim como suas eventuais aplicações com qualidade, eficácia e segurança, prevenindo, quando menos minimizando, os riscos para o ser humano, o meio ambiente e a matéria viva em geral; e a proibição de potenciais aplicações que possam comportar desvios claramente prejudiciais para os indivíduos ou para a sociedade.

Claro que o sistema jurídico deve levar em consideração valores éticos, pois não pode ficar alheio à influência dos debates morais vivenciados pela sociedade. Por outro lado, nem tudo o que a ciência torna possível e aceitável por parte da comunidade de pesquisadores deve ser admitido pelo Direito, considerando que os cientistas não são os únicos responsáveis pelas dimensões ética e jurídica do progresso científico, tampouco a vontade majoritária se mostra isenta de equívocos.

Por outro lado, a preferência pelo Direito também não impede, diante da lacuna legislativa, que o Conselho Federal de Medicina edite normas deontológicas sobre a conduta médica, visando ao bem-estar e segurança ética de toda a coletividade, pois foi dito que diferentes grupos de interlocutores ou *partners*, na condição de elementos pluralistas de interpretação, legitimam o processo constitucional.

Mas de que forma deve o Direito ou mesmo normas deontológicas atuar sobre o cenário que se descortina com o progresso médico sem tolher a autonomia privada dos indivíduos?

2.2 PRINCÍPIOS DA BIOÉTICA

Diante dos vários conflitos e dilemas éticos que despontam na pesquisa em matéria de biomedicina, fez-se necessário estabelecer parâmetros de investigação científica, resultando, segundo Sá e Naves (2018, p. 35), na criação dos princípios básicos da bioética aplicáveis a todos os profissionais atuantes na área da saúde.

Precursoramente, William David Ross (1930 *apud* GUERRA, 2015, p. 62), em seu livro *The Right and the Good* relacionou a vida moral a princípios básicos ou deveres *prima facie*, dentre os quais enumerou três: beneficência, justiça e não maleficência. Seus estudos mais tarde influenciaram Tom L. Beauchamp e James F. Childress, autores de *Principles of Biomedical Ethics*, de 1979, e William Frankena (1963 *apud* GUERRA, 2015, p. 63), autor de *Ethics*.

Tom L. Beauchamp e James F. Childress elegeram quatro princípios norteadores da ética médica: autonomia, beneficência, não maleficência e justiça (SALDANHA, 2015, p. 43). Nota-se, pois, que Beuchamp e Childress acrescentaram o princípio da autonomia aos três princípios criados por William David Ross.

A criação da Comissão (*National Comission for the Protection of Human Subjects of Biomedical and Behavioral Research*) teve enorme relevância no processo de reconhecimento dos princípios bioéticos. Ela fora incumbida pelo Governo dos Estados Unidos da América de estabelecer princípios éticos orientadores da experimentação científica em seres humanos, o que fez, em 1974, após quatro anos de debates no Centro Belmont de Convenções, na cidade de Elkridge, Estado de Mariland. Pelo Relatório Belmont, como ficou conhecida a conclusão dos trabalhos conduzidos pela Comissão, foram eleitos três princípios bioéticos de observância obrigatória em experimentos com seres humanos: autonomia, beneficência e justiça.

Os três princípios descritos no Relatório Belmont (GUERRA, 2015, p. 65) foram, posteriormente, incorporados pela Declaração Universal sobre Bioética e Direitos Humanos, durante a Conferência Geral da Organização das Nações Unidas para a Educação, a Ciência e a Cultura (UNESCO), em 2005, e, no direito interno brasileiro, pelas Resoluções do Conselho Nacional de Saúde (CNS) n. 196/96, 303/2000, 404/2008 e 466/2012.

O princípio da beneficência corresponde a um desdobramento do princípio da não maleficência, estabelecendo que o tratamento médico só pode ser aplicado ao paciente se lhe fizer bem, e sem que nenhum dano intencional possa ser causado a terceiro. Dele também se extrai que a pesquisa científica deve ser aplicada sempre em benefício da sociedade, sem ignorar a individualidade digna da pessoa humana no âmbito biomédico (GUERRA, 2015, p. 69).

Apontam Sá e Naves (2018, p. 36-37) que o princípio da beneficência não foi diferenciado do da não maleficência, tendo sido a primeira considerada, ao longo da história da medicina tradicional, obrigação primária do médico, que se sobrepunha à vontade do paciente. Porém, em razão de o médico, na relação com o paciente, ter passado de figura paterna e autoritária a sujeito partícipe do processo de tratamento, ante o reconhecimento da autonomia do paciente, a atual não maleficência constitui obrigação primária, e não mais meramente subsidiária.

O protagonismo do paciente fez, assim, com que a beneficência se subordinasse ao seu consentimento livre e esclarecido, "objeto-fim" da pesquisa científica, somente realizável se houver a compreensão dos riscos pelo paciente quanto ao tratamento médico. Desse modo, o consentimento livre e esclarecido exerce a função de balizar a ação no campo da saúde, conforme assegurado pela Convenção Internacional de Direitos Humanos e Biomedicina, em seu art. 5º (STANCIOLI. *In*: ROMEO-CASABONA; QUEIROZ, 2004, p. 177).

Por essa razão, ressalta Ivan de Oliveira Silva que:

> [...] o princípio da beneficência deve orbitar em conjunto com o princípio da autonomia, haja vista que eventual tratamento de risco deverá ser adotado conforme a vontade do paciente ou daquele que o represente, eis que o enfermo deve, em todos os momentos, ser observado como um sujeito de direito (SILVA, 2008, p. 71).

No que concerne ao princípio da autonomia ou do respeito pela autonomia das pessoas, tem por fundamento a vontade do paciente livre e esclarecida na tomada de decisões sobre a própria vida. Recorda, ainda, Arthur Magno e Silva (2015, p. 75) que a autonomia da vontade foi "[...] concebida como a proteção ao desenvolvimento e regular aperfeiçoamento da vontade individual do sujeito, a fim de que ele se possa desenvolver e decidir, sem interferências *extra corporis* [...]". Significa também que pessoas mais vulneráveis devem ser protegidas contra abusos, de modo que o princípio da autonomia implica alçar o paciente do papel de coadjuvante ao de protagonista na decisão sobre cuidados de saúde.

Inicialmente a relação médico-paciente era pautada pelo paternalismo médico, assegurando pouca autonomia ao paciente para tomar decisões sobre a própria saúde. Isso se deve, consoante assinalam Sá e Naves (2018, p. 5), ao poder que foi atribuído aos cientistas de submeter a vontade de todos às suas orientações, com base no saber técnico e moral capaz de proporcionar uma vida boa.

Importa, ainda, registrar, para melhor compreensão do que se entende por consentimento livre e esclarecido, o que estabelece o art. 2º, V, da Resolução CNS n. 510, de 7 de abril de 2016:

> V – consentimento livre e esclarecido: anuência do participante da pesquisa ou de seu representante legal, livre de simulação, fraude, erro ou intimidação, após esclarecimento sobre a natureza da pesquisa, sua justificativa, seus objetivos, métodos, potenciais benefícios e riscos.

Assim, a autonomia do paciente, enquanto sujeito moral, requer, imperativamente, a compreensão deliberativa, que, em regra, desenvolve-se acompanhada de informação acerca dos riscos; avaliação quanto à disposição de assumir os perigos do tratamento; e decisão com respeito à aceitação ou recusa das opções terapêuticas, livre de influência e controle externos, que, em outras palavras, denomina-se livre consentimento esclarecido, materializado no termo de consentimento livre e esclarecido (TCLE).

Com relação à autonomia, pertine questionar se tal princípio é respeitado diante da norma que estabelece o prazo de congelamento de três anos dos embriões viáveis, mesmo que isso não reflita a vontade dos sujeitos livres.

Já o princípio da justiça diz respeito ao direito à igualdade de acesso aos recursos médicos para efetivação do direito à saúde pelo Estado, que, mediante políticas públicas, deve distribuí-los sem discriminação ou preferência de origem, raça, sexo, cor e idade, além de levar em conta a análise dos custos e benefícios sociais, emocionais e físicos da intervenção médica para o paciente, com preferência à maximização dos benefícios.

Ivan de Oliveira Silva (2008, p. 69) acrescenta que, para a bioética, o princípio da justiça consiste em disponibilizar à população o resultado das pesquisas científicas, diante do ideal da justiça distributiva. Para corroborar seu entendimento, Silva menciona a alínea "*a*, do art. 12 da Declaração Universal do Genoma Humano e dos Direitos Humanos, que dispõe sobre o dever de colocar à disposição de todos os benefícios dos avanços em biologia, genética e medicina, com a devida atenção para a dignidade humana".

Quanto ao tema dos embriões excedentários, o dever de congelar os que forem considerados viáveis apresenta o risco de restringir para todas as pessoas o acesso às técnicas de reprodução assistida, ante os possíveis custos advindos da aplicação da criopreservação.

Sá e Naves (2018, p. 38-40) reconhecem, ainda, a responsabilidade como princípio da bioética, entendido como a consciência de que se é responsável por abusos aos limites da liberdade da pesquisa, somada à preocupação com as consequências do progresso tecnológico.

A dignidade da pessoa humana também é arrolada entre os princípios bioéticos por autores como Ivan de Oliveira Silva (2008, p. 71), tendo em vista o reconhecimento do homem como destinatário final dos avanços das ciências médicas.

Além dos princípios já mencionados, Maluf (2015, p. 12) cita alguns paradigmas encontrados na bioética, como o naturalismo, o contratualismo e o personalismo. O naturalismo consiste no reconhecimento de direitos naturais de vida, religiosidade e racionalidade. O contratualismo está presente na relação entre médico, paciente e sociedade. E o personalismo se baseia na visão antropológica de defesa da dignidade da pessoa humana.

No Direito interno brasileiro, encontra-se em vigor a Resolução n. 466, de 12 de dezembro 2012, do CNS, que igualmente reconheceu, sob a ótica do indivíduo e das coletividades, quatro referenciais básicos da bioética – beneficência, autonomia, não maleficência e justiça – visando assegurar os direitos e deveres que dizem respeito à comunidade científica, aos sujeitos da pesquisa e ao Estado, quanto aos aspectos éticos de pesquisas envolvendo seres humanos.

De igual modo, o Conselho Nacional de Saúde constatou a necessidade de dispor sobre as normas aplicáveis a pesquisas em ciências humanas e sociais cujos procedimentos metodológicos envolvem a utilização de dados ou informações sensíveis de pacientes com potencial de risco para a saúde, vindo a editar a Resolução n. 510, de 7 de abril de 2016.

Com respeito às especificidades éticas das pesquisas de interesse estratégico para o Sistema Único de Saúde (SUS), a Resolução CNS n. 580, de 22 de março de 2018, regulamentou o disposto no item XIII.4 da Resolução CNS n. 466, de 12 de dezembro de 2012, estabelecendo, por exemplo, que as pesquisas realizadas em instituições integrantes do SUS devem atender aos preceitos éticos e de responsabilidade do serviço público e de interesse social, não devendo ser confundidas com as atividades de atenção à saúde (art. 1º).

2.3 PRINCÍPIOS DO BIODIREITO

Sá e Naves (2018, p. 40) explicam que os princípios do biodireito não surgiram de um específico documento elaborado com tal finalidade, como se deu com os princípios bioéticos, mas foram sendo construídos diante das incertezas do avanço biotecnológico.

Assim, de acordo com classificação de Sá e Naves (2018, p. 40-44), que utiliza o critério da amplitude de conteúdo e atuação, podem ser arrolados os seguintes princípios do biodireito: princípio da precaução, princípio da autonomia, princípio da responsabilidade e princípio da dignidade da pessoa humana.

O princípio da precaução[12] se traduz na limitação da ação profissional potencialmente danosa, para evitar um mal sério e irreversível, quando caracterizada a incerteza científica do estado da arte (SÁ; NAVES, 2018, p. 40-44). Verifica-se, portanto, que esse princípio representa a mudança de paradigma do risco aceitável para o permitido, considerando não haver garantia absoluta contra um dano, o que acarreta autorizar atividades de importância econômica, desde que não seja demonstrado o caráter ofensivo, de acordo com a certeza científica.

---

12 Sá e Naves (2018) distinguem a precaução da mera prevenção, em virtude de a primeira se ocupar da probabilidade de mal sério e irreversível, enquanto a prevenção busca evitar um dano conhecido e esperado.

O princípio da autonomia privada diz respeito aos poderes conferidos pelo ordenamento jurídico aos particulares de estabelecer conteúdo, forma e efeito de atos jurídicos (SÁ; NAVES, 2018, p. 40-44).

O princípio da responsabilidade implica a compreensão dos atos praticados e suas consequências, a fim de minimizar os males que as intervenções na saúde e no meio ambiente podem provocar (SÁ; NAVES, 2018, p. 40-44).

O princípio da dignidade da pessoa humana garante o pleno desenvolvimento físico, psíquico e espiritual dos vários aspectos da pessoa, em um contexto garantidor de iguais liberdades fundamentais (SÁ; NAVES, 2018, p. 40-44).

A compreensão acerca da aplicação dos princípios da bioética e do biodireito é importante para lançar luz sobre os problemas jurídicos enfrentados hoje, em razão dos efeitos do progresso científico sobre as situações jurídicas existenciais referentes aos direitos reprodutivos e de livre planejamento familiar, contribuindo para discussão plural e democrática de propostas legislativas, além da lógica binária positivista.

2.4 AS TÉCNICAS DE REPRODUÇÃO HUMANA ASSISTIDA E SUAS IMPLICAÇÕES LEGAIS

Conceitua-se a reprodução humana assistida como a intervenção artificial no processo reprodutivo, que objetiva orientar e possibilitar a maternidade ou paternidade das pessoas que apresentam doenças[13] de infertilidade masculina ou feminina.

Segundo a Resolução n. 2.320/2022 do Conselho Federal de Medicina (CFM), as técnicas de RA podem ser utilizadas por quaisquer pessoas capazes[14], com a finalidade de auxiliar no processo de procriação,

[13] Maluf (2015) explica que a esterilidade e a infertilidade são consideradas doenças, segundo a Classificação Internacional de Doenças - CID 10 (OMS) (1), e que como tal podem ser tratadas.

[14] II – PACIENTES DAS TÉCNICAS DE RA. 1. Todas as pessoas capazes que tenham solicitado o procedimento e cuja indicação não se afaste dos limites desta resolução podem ser receptoras das técnicas de RA, desde que os participantes estejam de inteiro acordo e devidamente esclarecidos, conforme legislação vigente. (Resolução CFM n. 2.320/2022).

desde que haja a possibilidade de sucesso e baixa probabilidade de risco grave à saúde do paciente ou da descendência[15].

Maluf (2015, p. 198) aponta uma diferença conceitual, em matéria de fertilização, entre os termos fecundação, inseminação e concepção, muitas vezes confundidos. A fecundação consiste na fertilização do óvulo pelo esperma, podendo dar-se de forma natural ou artificial. A inseminação ocorre com a aposição do esperma ou óvulo fecundado na cavidade uterina. E a concepção se verifica em momento posterior à fecundação, representando o produto derivado da fusão do material genético fornecido pelos genitores.

As principais técnicas de RA utilizadas na atualidade são: GIFT (*Gamete Intrafallopian Transfer*) ou Transferência dos Gametas para o Interior da Trompa; ZIFT (*Zygote Intrafallopian Transfer*) ou Transferência do Zigoto para o Interior da Trompa; ICSI (*Intracytoplasmic Sperm Injection*) ou Injeção Intracitoplasmática de Espermatozoide; e fertilização *in vitro* (FIV) (SÁ; NAVES, 2018, p. 139).

A GIFT consiste na transferência dos gametas para dentro das trompas. Os gametas masculinos são coletados por laparoscopia, reunidos em cateter e depois introduzidos nas trompas uterinas, onde a fertilização ocorrerá naturalmente.

A ZIFT promove a transferência de um ou mais zigotos para dentro das trompas uterinas, onde ocorrerá a multiplicação celular e posterior migração do embrião para o útero. Assim, a diferença entre a ZIFT e a GIFT é que na primeira a fecundação ocorre antes da transferência para o corpo da mulher, enquanto na segunda a fecundação do embrião acontece nas trompas.

A ICSI se dá pela injeção de um espermatozoide diretamente no óvulo, com auxílio de um microscópio equipado com um micromanipulador hidráulico, utilizado para controlar as agulhas de manipulação do espermatozoide, o qual será captado e introduzido no citoplasma do óvulo manipulado, realizando-se a posterior transferência do embrião fertilizado em laboratório para a cavidade uterina da mulher. Esse

15 I – PRINCÍPIOS GERAIS. 3. As técnicas de RA podem ser utilizadas desde que exista possibilidade de sucesso e baixa probabilidade de risco grave à saúde do(a) paciente ou do possível descendente. (Resolução CFM n. 2.320/2022).

método foi desenvolvido na Bélgica, em 1992, por Gianpiero D. Palermo, tendo sido, inicialmente, projetado para auxiliar casais com fator masculino severo de infertilidade (pacientes azoospérmicos ou com ausência de espermatozoides ejaculados) e pacientes vasectomizados (MEZZOMO, 2019, p. 131-132).

A FIV equivale à fecundação das células reprodutivas (óvulos e espermatozoides), em laboratório em uma placa de Petri, por meio da técnica de injeção intracitoplasmática, resultando na produção dos embriões, que serão transferidos para o útero. Os embriões que não forem transferidos, chamados de excedentários ou supranumerários, são armazenados em nitrogênio líquido, onde permanecem até utilização posterior. As etapas da FIV são as seguintes: estimulação da ovulação, aspiração folicular, identificação dos oócitos, inseminação *in vitro*, cultura de embriões em estágio de pré-implantação e transferência embrionária (GEBER *et al.*, 2016, p. 35). O congelamento de embriões ocorre se houver excedentes.

Segundo Geber *et al.* (2016, p. 35), a FIV é a técnica de reprodução assistida mais difundida, devido ao menor custo e às maiores taxas de gravidez, podendo chegar a 50% por ciclo de tratamento, em mulheres de até 36 anos.

Para o Direito, o emprego das técnicas reprodutivas apresenta como efeito a relativização das presunções *pater ist* e *mater semper certa est*, ou seja, não se tem mais a certeza de que a mãe é sempre aquela que gerou a criança, e de que o pai biológico é o cônjuge da genitora (MALUF, 2015, p. 200).

Isso depende da origem do material genético, pois quando na RA se utiliza o material genético de ambos os genitores, denomina-se homóloga, e quando se usa material genético proveniente de terceiros, chama-se heteróloga.

Para evitar questionamentos acerca da paternidade dos filhos havidos mediante RA, o Código Civil regulamentou os efeitos jurídicos da aplicação das técnicas de reprodução assistida, estabelecendo a presunção de paternidade dos filhos havidos, a qualquer tempo, quando utilizada a técnica de concepção artificial homóloga, mesmo que seja falecido o marido, conforme consta em seu art. 1.597, III, porque, para essa hipótese, reconhece-se a biparentalidade como certa.

Já, nos casos em que for utilizada a técnica de concepção artificial heteróloga, quando parte ou todo o material genético provém de terceiro(s), o Código Civil estabelece, no inciso V do art. 1.597, a presunção de paternidade dos filhos havidos por inseminação artificial, desde que haja autorização do marido.

Todavia, é importante esclarecer que o consentimento livre e esclarecido do marido ou de ambos os genitores é requisito indispensável para o uso do material biológico criopreservado, quer seja a concepção artificial heteróloga ou homóloga, conforme determina a Resolução CFM n. 2.320/2022 (item VIII), ao tratar da reprodução assistida *post mortem*.

Depreende-se, portanto, que a exigência de autorização do marido na concepção heteróloga traz a ideia de reconhecimento prévio de paternidade inserido no bojo do consentimento livre e esclarecido dos genitores, para o uso do material biológico criopreservado de terceiro(s).

Segundo Débora Gozzo (2017), ao ter introduzido a possibilidade de o marido registrar como seu filho que não o é, na hipótese de emprego de material genético estranho ao casal (óvulo, sêmen ou até mesmo embrião doados), estabelece-se não só uma paternidade registral, mas socioafetiva.

Em relação à forma do consentimento livre e esclarecido para a utilização de embriões por disposição *post mortem*, a Resolução CFM n. 2.320/2022 requer a autorização específica do(a) falecido(a) para uso do material biológico criopreservado, de acordo com a legislação vigente. Em que pese não haver forma prescrita em lei, o Superior Tribunal de Justiça (BRASIL, 2021) entende que a autorização deve ser efetivada por testamento ou instrumento que o valha em formalidade e garantia, não admitindo a declaração posta em contrato padrão de prestação de serviços de reprodução humana assistida.

Do mesmo modo, o Provimento n. 63/2017 do Conselho Nacional de Justiça (CNJ), prescreve que, na reprodução assistida *post mortem*, deverá ser apresentado termo de autorização prévia específica da pessoa falecida para o uso de seu material genético, lavrado por instrumento público ou particular com firma reconhecida.

O caráter de imprescindibilidade da autorização do(a) cônjuge falecido(a) se deve ao fato de que o embrião *in vitro* criopreservado não se submete às regras aplicáveis às coisas suscetíveis de alienação onerosa, porquanto consiste em *res extra commercium*. Por essa razão, a Quarta Turma do Superior Tribunal de Justiça negou pedido feito por viúva de implantação de embriões congelados, por entender que faltou o consentimento expresso e inequívoco do marido para a implantação dos embriões após a sua morte, e que considerar o contrato de prestação de serviços de reprodução assistida uma declaração de vontade do falecido significaria admitir o rompimento do testamento que ele deixou, com alteração do planejamento sucessório original por pessoa diferente do próprio testador (BRASIL, 2021).

Para Maluf (2015, p. 221), se faltar a autorização prévia do cônjuge para ter seu material genético utilizado *post mortem*, não pode a viúva exigir que a clínica lhe entregue o material genético, eis que a reprodução é um direito personalíssimo, sendo imperativo o consentimento das partes.

Também não há que se falar em direito à herança sobre o material genético deixado pelo(a) falecido(a), por não se tratar de objeto de herança, visto que a própria Resolução CFM n. 2.320/2022 veda o caráter lucrativo ou comercial na doação de gametas ou embriões (itens IV-1 e VII-2), confirmando, mais uma vez, o raciocínio de que gametas e embriões *in vitro* não são meras coisas, e que, portanto, estão fora do comércio, não podendo ser herdados.

Outrossim, a Lei n. 9.434, de 4 de fevereiro de 1997 fez questão de excluir do conceito de tecidos a que se refere o seu art. 1º o sangue, o esperma e o óvulo. Assim, conclui-se que, se os gametas não são considerados tecidos, a mesma sorte assiste aos embriões *in vitro*, visto que são organismos muito mais complexos, além de possuírem o potencial de gerar uma nova vida.

Ademais, a participação coercitiva na reprodução artificial violaria o princípio da autonomia privada, que condiciona a utilização do material genético à autorização prévia e específica do titular.

São tantos os reflexos ético-jurídicos suscitados no emprego das técnicas de reprodução assistida que se conclui estar-se diante de um fato jurídico relevante para a relação paterno-filial. Nesse sentido, Pietro Perlingieri ensina que:

> O fato jurídico pode ser definido como qualquer evento que seja idôneo, segundo o ordenamento, a ter relevância jurídica. Em geral a norma prevê a hipótese da verificação do evento (ou seja, do fato) e a possibilidade de que este – humano (um passeio, a conclusão de um contrato) ou natural (um temporal) – uma vez ocorrido, tenha relevância jurídica. O fato, no momento de seu acontecimento, atua como abstratamente hipnotizado na previsão da lei: o ordenamento lhe atribui uma qualificação e uma disciplina (PERLINGIERI, 2002, p. 89-90).

Mas, se o embrião *in vitro* não é nem um tecido do corpo humano, nem algo comercializável ou suscetível de transmissão por herança, é possível reconhecer a legitimidade de sua destinação para fins de pesquisa e terapia, conforme prevê a Lei de Biossegurança?

2.5 AS TEORIAS ACERCA DO *STATUS* JURÍDICO DO EMBRIÃO

Chama-se de embrião o produto biológico resultante da fecundação celular, havendo inúmeras expressões utilizadas para designá-lo, como "recém-concebido", "gérmen", "princípio de vida" ou "ente por nascer" (GUERRA, 2015, p. 116). Quando for adjetivado com a expressão "excedentário", corresponderá ao produzido fora do útero materno, isto é, *in vitro*, não utilizado no tratamento de reprodução assistida para o qual foi produzido.

Na lição de Renata Furtado de Barros:

> Conceitua-se, portanto, como embriões excedentes, os formados *in vitro*, nas clínicas e institutos de reprodução assistida e que estão armazenados em condições de criopreservação, sem perspectiva de utilização, por parte dos pais biológicos desses embriões. Na verdade, a técnica atual de fecundação *in vitro* proporciona a formação de muitos embriões, não podendo todos eles serem implantados no útero das mães que precisam dessa assistência reprodutiva (BARROS, 2010, p. 86).

O embrião é composto por células-tronco embrionárias, que apresentam a característica da pluripotência, ou seja, a capacidade de produzir uma enorme gama de tecidos constitutivos do ser humano, bem como de se autorreplicar, após alcançar a fase de blástula de quatro a cinco dias de fecundação.

Na Lei de Biossegurança, as células-tronco são conceituadas pelo art. 3º, XI, como "[...] células de embrião que apresentam a capacidade de se transformar em células de qualquer tecido de um organismo".

Há, ainda, diferentes tipos de células-tronco embrionárias, que são classificadas segundo duas propriedades essenciais de autorreplicação e aptidão para se transformarem em outras células especializadas dos mais diversos órgãos e tecidos humanos: totipotentes, pluripotentes, multipotentes e unipotentes, as quais apresentam pelo menos uma das duas propriedades anteriormente mencionadas.

As células-tronco totipotentes têm como representante único o óvulo fecundado (embrião), ocorrendo na fase de blastômero, por volta do quarto ou quinto dia, até o estágio de mórula de 16 células, e são capazes de autorreplicação e de gerar um indivíduo completo. As pluripotentes estão presentes na massa celular interna embrião, na fase de blastocisto, com cinco a sete dias de formação, e são, igualmente, capazes de autorreplicação, bem como de produzir quaisquer tipos de células do feto e do indivíduo formado, mas não um embrião completo com seus anexos embrionários. As multipotentes são as células somáticas presentes nos tecidos e órgãos de indivíduos formados, e em estágios posteriores do desenvolvimento do embrião, que apresentam limitação quanto à capacidade de conversão em outros tipos celulares, ainda objeto de investigação científica. E as unipotentes, como o próprio nome sugere, são capazes de se converter em apenas um tipo de célula, embora possuam a habilidade de autorreplicação (STEVENS; PAULSEN, 2007, p. 24).

A utilização e a consequente destruição de embriões para extração de células-tronco embrionárias despertam discussões sobre seu *status* jurídico, em meio a argumentos que definem o embrião como potencial ser humano em formação, com direito a uma vida digna, impedindo a manipulação para pesquisa e terapia; e, em sentido favorável ao uso de embriões excedentários, no estágio propício às pesquisas biomédicas, caso em que seriam tratados como mero conjunto de células. O descarte ocorreria quando inservíveis para pesquisa, ou quando não são utilizados pelos genitores, em tratamento de reprodução assistida, após se tornarem inviáveis.

Assim, o problema atual relativo ao uso de embriões *in vitro* excedentários diz respeito ao momento e às condições em que pode ocorrer a intervenção da biotecnologia, para fins de pesquisa e terapia com células-tronco embrionárias.

No âmbito do biodireito, a difícil tarefa de oferecer respostas para tão intrincadas questões somente é possível por meio da interdisciplinaridade com a biologia, a medicina e a ética, posto que os critérios definidores do início da vida humana não são fornecidos pelo Direito.

Do ponto de vista científico, várias teorias foram elaboradas sobre os estágios de desenvolvimento embrionário, cujas conclusões são utilizadas pelo Direito para definição do marco legal da individualidade, havendo, também, a necessidade, segundo Renata da Rocha, de implementação de normas jurídicas de proteção ao embrião e de políticas públicas de pesquisa científica:

> Assim, diante da necessidade de se estabelecer um marco a partir do qual se garantisse respeito efetivo ao embrião humano, foram elaboradas diferentes teorias acerca do início da vida humana. Essas teorias foram produzidas sempre com base nas diversas etapas do desenvolvimento embrionário e com a finalidade de servirem de orientação na implementação, por parte dos Estados, de normas que determinassem o estatuto jurídico do embrião humano, e, por via de consequência, foram também formuladas com o propósito de nortear o implemento de políticas públicas relacionadas às pesquisas em células-tronco embrionárias humanas (ROCHA, 2008, p. 74).

Isso porque as teorias sobre o início da vida humana são essencialmente diferenciadas por estágios morfológicos do processo de contínuo desenvolvimento embrionário, desde a concepção até fases posteriores, destacando-se as seguintes: a) teoria concepcionista: atribui o início da vida à concepção, momento em que gametas masculino e feminino se fundem formando o zigoto, tutelável pela lei, em razão de ostentar a condição plena de pessoa; b) teorias genético-desenvolvimentistas: baseiam a proteção do embrião como ser humano, de acordo com a fase de seu desenvolvimento, levando em conta a possibilidade de sua individualização. Dessa corrente derivam as seguintes teorias: teoria da nidação, teoria da formação do sistema nervoso central e teoria do pré-embrião;

c) e a teoria da pessoa humana em potencial, que considera o embrião um *indivíduo em potencial*, com propriedades relacionadas à pessoa humana suficientes para lhe garantir um estatuto próprio.

Percebe-se, portanto, que o ponto comum entre essas teorias acerca da realidade pré-nascimento consiste no fato de que todas têm a premissa de medir o estágio do desenvolvimento embrionário, segundo aspectos temporal e estrutural, para fins de reconhecimento de direitos fundamentais (GUERRA, 2015, p. 115-117).

Há, desse modo, segundo Arthur Magno e Silva Guerra (2015), a preocupação predominante de definir o estágio biológico da fecundação em que se pode falar de embrião, como organismo de natureza humana, distinguindo-o de nascituro.

A teoria concepcionista considera como primeira etapa do desenvolvimento embrionário humano e início da vida humana a fusão das células germinativas – o oócito e o espermatozoide –, que dá origem ao zigoto, enquanto estágio unicelular geneticamente individualizável dotado de suficiente carga genética do ser que começou a ser formado, e cujo desenvolvimento se dá de maneira automática, pouco importando a origem, se *in vitro* ou *in utero*.

Para os concepcionistas, como Daniela Grechi (2009, p. 28), "desde o primeiro instante da fecundação em diante, o embrião seria humano e estaria vivo, sendo que a disposição dessa vida, independentemente dos argumentos invocados, não se justificaria".

Consoante Dworkin (2009, p. 27-28), o argumento concepcionista defende um ponto de vista independente, e não derivativo, assumindo, em tese, que o descarte ou uso de embriões *in vitro* seria tão condenável quanto um assassinato, por consistir na destruição deliberada da vida de um organismo humano. Assim, nenhuma atividade que possa destruir essa vida em potencial seria moralmente admissível.

No entanto, ressalva Renata da Rocha (2008, p. 76-77) que, apesar de estudiosos tratarem analogamente os termos *fertilização* e *concepção*, ambos representam estágios sucessivos do ciclo vital humano, dado que a fertilização acontece 12 horas depois de o gameta masculino atravessar a zona pelúcida do óvulo, fundindo-se a este, na etapa denominada pronúcleo, e resultando na formação do zigoto, momento da concepção propriamente dita de uma vida geneticamente individualizável, quando então passaria a ser merecedora da tutela global da vida humana.

Dentro da teoria concepcionista há, ainda, duas vertentes: a teoria da singamia, que relaciona o início da vida e a personalização de um novo ser ao momento exato da fertilização, anterior à concepção ou fusão dos núcleos paterno e materno; e a teoria da cariogamia, que relaciona o mesmo início da vida humana ao momento da concepção, com a fusão das células germinativas e a consequente constituição de uma estrutura única, possuidora de código genético plenamente capaz para o desenvolvimento de um ser humano (ROCHA, 2008, p. 77-78). Vê-se, então, que, há dissenso dentro da própria teoria concepcionista quanto ao momento exato da constituição ontológica do chamado embrião.

Considerando que, desde a fase de zigoto, já estaria resumida em uma só célula extremamente complexa toda a informação necessária ao desenvolvimento do organismo inteiro, Carolina Valença Ferraz (2011, p. 18-22) argumenta que não existiria diferença qualitativa entre a vida nascida e a não nascida, motivo pelo qual defende a atribuição de personalidade desde a concepção embrionária.

Sem embargo da relevância de tais argumentos, em se admitindo o início da vida humana, desde a concepção, haveria a contraditória condição resolutiva de "nascer sem vida" para extinção dos direitos patrimoniais, posto que é perfeitamente possível que o embrião implantado não chegue aos estágios finais de seu desenvolvimento (SÁ; NAVES, 2018, p. 142).

Além disso, a autonomia reprodutiva da mulher quanto à decisão de procriar ficaria subordinada a um suposto direito ao útero, caso se reconheça ao embrião *in vitro* o pleno direito à vida, implicando para o gênero feminino um dever de engravidar incompatível com os princípios da dignidade da pessoa humana (art. 5º, II, da CF), do livre planejamento familiar (art. 226, § 7º, da CF) e da paternidade responsável (art. 226, § 7º, da CF).

A defesa da tese favorável à imposição do dever de engravidar também não se coaduna com o princípio kantiano de que os indivíduos são fins e não simplesmente meios, não podendo ser sacrificados e usados para a realização de outros fins sem seu consentimento (KANT, 2017, p. 413).

Queiroz (2015, p. 142) faz importante consideração sobre a equiparação absoluta do embrião à pessoa, desde o momento da concepção, no sentido de que dela resultaria o absurdo de conferir vida a um tumor maligno, sabido que alguns embriões são portadores de graves defeitos genéticos.

Em relação à interpretação de que o art. 4º, I, da Convenção Americana de Direitos Humanos ingressou no ordenamento brasileiro como regra de caráter supralegal, prevendo o respeito e proteção à vida, desde a concepção, Santos Cifuentes (1992 *apud* BARBOZA, 2004, p. 252) afirma que, em virtude de ter sido celebrada em 1969, anteriormente ao advento da técnica da FIV, a regra prevista na supracitada norma de direito internacional seria inaplicável, porquanto não se refere à união extracorpórea dos gametas.

Por sua vez, a teoria genético-desenvolvimentista associa o início da vida humana a determinada fase do desenvolvimento embrionário, a partir da qual se verifica importante salto qualitativo, derivando dela as seguintes correntes: teoria da nidação, teoria da formação do sistema nervoso central e teoria do pré-embrião.

De acordo com a teoria da nidação, a fixação do ovo no útero dá origem a uma nova vida humana em condições necessárias para se desenvolver, de modo que ficaria excluída a proteção do embrião localizado *in vitro*. Para robustecer tal entendimento, a corrente nidacionista cita a tipificação do aborto como crime previsto nos arts. 124, 125 e 126 do Código Penal, relacionando o início da gravidez à nidação, bem como ao fato de ser permitido pelo Ministério da Saúde no Brasil o método contraceptivo da pílula do dia seguinte, cuja substância ativa levonorgestrel é responsável por impedir que o zigoto fertilizado se fixe na parede do útero, de modo a configurar como fato atípico a intervenção médica anterior à nidação.

O uso de métodos contraceptivos de emergência é previsto pela Resolução CFM n. 1.811/2006, cujo art. 2º estabelece caber ao médico a responsabilidade pela prescrição da anticoncepção de emergência, em todas as etapas da vida reprodutiva, como medida de prevenção, visando interferir no impacto negativo da gravidez não planejada na saúde reprodutiva das pessoas.

No entanto, estudos recentes levantam dúvidas sobre o mecanismo de ação do levonorgestrel, mais conhecido nos Estados Unidos pelo nome de *Plan-B One Step*, por não haver suficiente evidência da eficácia de inibição da implantação de óvulos fertilizados na parede do útero após a ovulação, comparando-o ao efeito de um anticoncepcional comum (BELLUCK, 2012).

Dessarte, em que pese a nidação se apresentar como importante garantia de sobrevida e viabilidade do embrião, a referida teoria também não atenta para a possibilidade de haver a gestação abdominal ou ectópica, na qual o produto da concepção se fixa em outra parte do corpo humano, como em caso ocorrido, em 2013, no Estado do Pará (REZENDE, 2013), nisso consistindo um dos equívocos em relacionar a fixação do zigoto no útero como indispensável ao início da vida humana.

Quanto à suposta atipicidade da destruição de embriões produzidos por FIV, referida como argumento para afirmar que a vida humana se inicia a partir da nidação, a Lei de Biossegurança tipifica como crime o uso do embrião, nele se incluindo a destruição, em desacordo com o que dispõe o art. 5º do referido diploma legal. Assim, não se pode falar em atipicidade de toda e qualquer destruição de embriões, embora, com relação às hipóteses legais de aborto legal, previstas no art. 128, I e II, do Código Penal, tais dispositivos tenham a natureza jurídica de causa especial de exclusão da ilicitude, o que conduz ao raciocínio de que mesmo o direito à inviolabilidade da vida do concepto *in utero* não é absoluto.

Para a teoria da formação dos rudimentos do sistema nervoso central ou das primeiras atividades cerebrais, a vida humana teria início com a formação do córtex central, que ocorre, em média, com 30 dias a partir da constituição da nêrula, momento a partir do qual o embrião, supostamente, adquire consciência própria e *status* de ser humano.

No Brasil, os defensores da teoria do desenvolvimento do sistema nervoso central se baseiam na Lei n. 9.434/97, que disciplina e autoriza a remoção de órgãos e tecidos *post mortem*, para fins de transplantes e terapias, por meio de doação, depois de realizado o diagnóstico de morte encefálica (art. 3º). Desse modo, faz-se uso de analogia para estabelecer que o início da vida ocorre a partir da formação rudimentar do sistema nervoso, posto que a morte cerebral constitui o requisito para a remoção de órgãos e tecidos humanos.

Em relação ao diagnóstico médico, os critérios de determinação da morte encefálica, bem como a metodologia para sua aferição, são elencados pela Resolução CFM n. 2.173, de 23 de novembro de 2017.

Segundo o citado dispositivo deontológico, a morte encefálica ocorre pela perda definitiva e irreversível das funções do encéfalo por causa conhecida, comprovada e capaz de provocar o quadro clínico.

A despeito saber médico ser capaz de determinar a ocorrência da morte encefálica, Queiroz questiona a definição da morte cerebral como marco do fim da vida humana:

> A definição da morte para determinar a morte biológica, elaborada em 1968, não deixou de carregar em si as problematizações acerca da morte da pessoa e da individualização do momento em que esta ocorre, contidas, também, nas conceituações anteriores (QUEIROZ, 2015, p. 136).

Francisco Ilídio Ferreira Rocha (2017, p. 258) critica o uso da analogia entre a morte encefálica e o início da vida humana, afirmando que não se pode afastar a qualidade de ser humano daquele que dispõe de todas as condições biológicas para o desenvolvimento de atividade encefálica, mas não de atividade cerebral.

O critério da morte cerebral foi introduzido na medicina em 1968, pela Comissão presidencial *Ad Hoc* da *Harvard Medical School*, nos Estados Unidos, que definiu o coma irreversível como a cessação persistente de toda atividade cerebral por um período de observação adequado de pelo menos 24 horas. Promulgado em 1981, o *Uniform Determination of Death Act*[16], de 1981, passou a utilizar o critério de morte encefálica para a declaração legal de óbito.

Contudo, no caso da adolescente Jahi McMath, um juiz da Corte Superior do Condado de Alameda não se convenceu de que um exame de morte cerebral realizado em 2013 deveria ser considerado definitivo para todo e qualquer efeito, visto que a mencionada paciente foi mantida viva por vários anos, levantando dúvidas acerca da cessação da atividade encefálica como critério definitivo para decretar o fim da existência de uma pessoa (AVIV, 2018).

Recentemente foi lançado um novo olhar sobre a condição biológica da morte cerebral, ante os resultados da investigação

[16] Lei que regulamentou e uniformizou a definição de morte como a cessação irreversível da totalidade das funções cerebrais.

científica conduzida por pesquisadores da *Yale University*, na cidade de New Haven, sobre células cerebrais de porcos mantidas vivas horas depois da morte, experimento que levanta questões éticas, aumentando ainda mais as incertezas sobre a natureza da própria morte e da consciência (REARDON, 2019).

Há também a teoria do pré-embrião, desenvolvida, em 1984, com suporte no Relatório preparado pela Comissão de Warnock[17], com fundamento no qual se alega que até o 14º dia após a concepção existiria apenas uma célula progenitora desprovida de sistema nervoso, inteligência ou caráter humano, com capacidade de gerar indivíduos da mesma espécie, e que por essa razão poderia ser utilizada em pesquisa, descartada ou criopreservada (GRECHI, 2009, p. 42).

Para Namba (2015, p. 40), a proposição do Relatório Warnock tinha como único fim ideológico justificar a experimentação com seres vivos, não se sustentando, objetivamente, o conceito de pré-embrião.

Conforme Reinaldo Pereira e Silva (2002 *apud* ROCHA, 2008, p. 82), entre os argumentos usados pelo Relatório Warnock para justificar suas conclusões está a falta de unidade orgânica original do primeiro ser, em razão da impossibilidade de detecção de gêmeos monozigóticos, malgrado não haja prova científica de que a divisão do zigoto desfaça a unidade orgânica original. Além disso, afirma tal teoria que haveria perda da totipotência a partir do 14º dia, embora já tenha sido demonstrado pela teoria da cariogamia que, desde a concepção, as células contêm em si todo o código genético necessário para especialização e formação de um organismo completo.

Por fim, a teoria da pessoa humana em potencial considera o embrião um *ser humano em potencial*, uma vez que nele se encontram todas as propriedades relacionadas à pessoa humana. Permanece a questão de

---

17 O relatório da Comissão formada pela secretária de educação do Reino Unido, Mary Warnock, que foi publicado em 1984 nessa nação, para tratar de assuntos de reprodução assistida, propõe a liberação de pesquisas sem restrição em embriões até o 14º dia de desenvolvimento embrionário, vindo a cunhar o termo "pré-embrião" para designar esse primeiro estágio evolutivo como alternativa que gerasse menos resistências à discussão sobre a possibilidade de utilizá-los em pesquisas.

como saber em que momento haverá a passagem da potência ao ato de existir vida no embrião humano, tendo em vista a dificuldade de tratar, em termos cronológicos, um problema essencialmente axiológico (ROCHA, 2008, p. 89).

Além das já citadas, há outras teorias que tratam do momento inicial de atribuição da personalidade e direito à inviolabilidade da vida, como a natalista, a personalista formal e a eclética.

Sustenta a teoria natalista, adotada pelo Código Civil, que a personalidade jurídica só é adquirida a partir do nascimento com vida. Assim, o nascimento figura como fato jurídico desencadeador da aquisição de subjetividade jurídica, excluindo o nascituro do conceito de pessoa, apesar de a lei pôr a salvo alguns direitos em favor daquele, desde a concepção intrauterina.

Segundo Semião (2012, p. 192), para a teoria natalista, a ausência de autonomia gerenciadora do próprio desenvolvimento no embrião impede seu reconhecimento como sujeito de direitos. Por conseguinte, o nascituro seria uma expectativa de pessoa, a quem não é concedida a personalidade civil pela ordem jurídica.

A falha do argumento natalista consiste em desconsiderar que o embrião não tem suficiente autonomia gerenciadora para seu inteiro desenvolvimento, bem como que, assim como o nascituro, existe em relação ao embrião a possibilidade ou expectativa de se tornar um humano nascido.

Em sentido contrário à tese natalista de ausência de autonomia do embrião, comprovou-se, por meio de artigo científico publicado por pesquisadores na revista *Nature* (SHAHBAZI *et al.*, 2016), a viabilidade do desenvolvimento embrionário na ausência de tecidos maternos.

Dworkin (2009, p. 21) discorda da existência de autonomia embrionária, pois, para ele, sem a ajuda externa da gestante e dos recursos da ciência, o embrião jamais se desenvolveria.

Já a teoria da personalidade formal ou condicional, intermediária entre a concepcionista e a natalista, estabelece que o nascituro teria formalmente personalidade para titularizar direitos personalíssimos, como o direito à vida (proibição de aborto), direito de ter nomeado curador na ausência de quem possa exercer o poder familiar, e à proteção pré-natal (alimentos gravídicos), mas, quanto aos direitos patrimoniais (herança e doação), estes só seriam adquiridos depois de efetivada a condição suspensiva do nascimento com vida, sem a qual não há vocação para suceder, em virtude da ausência de personalidade civil.

Se aceita a tese de que o nascituro titulariza o direito à vida, conforme defendido pela teoria da personalidade formal, haveria, por consequência, a proibição do aborto. Contudo, o próprio ordenamento jurídico impõe condicionamentos sobre a vida do nascituro, por meio das causas especiais de exclusão de ilicitude de aborto necessário[18] e do aborto sentimental[19], de modo que não se pode falar em direito de nascer, sob pena de este gerar uma disputa entre a vida do feto e a da mãe.

Além das hipóteses legais de aborto, o Supremo Tribunal Federal, no julgamento da Arguição de Descumprimento de Preceito Fundamental (ADPF) n. 54, em interpretação conforme a Constituição dos arts. 24, 126 e 128, I e II, do Código Penal, também declarou inconstitucional a interpretação que considera crime a interrupção de gravidez de feto anencefálico[20], com o consentimento da gestante.

Ademais, tendo em vista a licitude dos abortos necessário e humanitário, conclui-se que o ordenamento jurídico abalizou a preponderância qualitativa da vida da gestante sobre a do nascituro (ROCHA, 2017, p. 268).

Por fim, a teoria eclética seria diferente da teoria personalista formal somente quanto à particularidade de que para a primeira (GUERRA, 2015, p. 157) a capacidade retroage ao momento da concepção, após o nascimento com vida, enquanto, para a segunda (NAMBA, 2015, p. 31), mesmo na concepção *in vitro* tem-se a personalidade jurídica formal, que se transmuta em material depois do nascimento com vida.

---

18 Art. 128. Não se pune o aborto praticado por médico: I – se não há outro meio de salvar a vida da gestante (BRASIL. Código Penal).

19 Art. 128. Não se pune o aborto praticado por médico: [...] II – se a gravidez resulta de estupro e o aborto é precedido de consentimento da gestante ou, quando incapaz, de seu representante legal (Código Penal).

20 A anencefalia decorre de falha de fechamento do tubo neural, durante o 1º mês do desenvolvimento embrionário, por fatores genéticos e ambientais.

2.6 O EMBRIÃO *IN VITRO* COMO CENTRO DE IMPUTAÇÃO NORMATIVA

Percebe-se que cada uma das teorias sobre o início da personalidade enfrenta objeções de ordem ontológica, sob o prisma do desenvolvimento embrionário, carecendo, ainda, de segurança, ante a possibilidade de novas descobertas decorrentes do progresso técnico-científico.

Isso porque, não raro, as descobertas científicas na área da saúde "abrem a oportunidade para a retomada de discussões, conceitos e diretivas relacionados com a vida em todas as suas formas e momentos" (SILVA, 2008, p. 59).

No horizonte sempre difícil de fixar limites, Daniela Grechi (2009, p. 16) afirma que "[...] a ciência não dispõe de parâmetros para definir exatamente quando inicia a vida humana, uma vez que não existem conceitos imutáveis, eternos e prontos que se possa aplicar sem reservas".

Todavia, independentemente da escolha que se faça entre as teorias sobre o início da personalidade jurídica, infere-se que, de fato, o embrião *in vitro* não pode ser tratado como pessoa, quer seja porque não tem aptidão para titularizar situações jurídicas existenciais, quer seja porque não atingiu o estágio de desenvolvimento suficiente para ser incluído no estatuto humano pessoal.

O embrião *in vitro* constitui, sim, objeto de proteção, podendo ser tratado como relevante centro de imputação normativa pelo ordenamento jurídico, apesar da inexistência do sujeito titular do interesse de conservação da vida.

Em tal sentido, Pietro Perlingieri (2002, p. 111) ensina que a situação jurídica é o conceito geral de categorias de efeitos jurídicos atribuídos a alguns comportamentos humanos, os quais figuram como interesse ou centro de interesses mais ou menos complexo. Ainda segundo Perlingieri, existem situações existenciais que são juridicamente relevantes mesmo antes da existência do sujeito, caso do nascituro concebido, que é um centro de interesses juridicamente relevante, nas situações destinadas a ele de doação e disposições testamentárias; mesmo antes de ser considerado sujeito, em termos de lógica formal e de direito positivo, já existe uma tutela que veda a destruição do bem doado e que determina o respeito de terceiros pela espera[21].

Nesse viés, ressalta Perlingieri (2002, p. 107-108) que se infere a possibilidade de existência de interesses e situações tuteladas pelo Direito, faltante um sujeito titular, eis que este não é *conditio sine qua non* para a existência da situação subjetiva, que constitui um interesse ou centro de interesses mais ou menos complexo.

Entretanto, em que pese o embrião *in vitro* ser tutelado pelo Di reito, não há que se falar em proteção absoluta, já que, mesmo em relação ao nascituro, tratado como centro de imputação jurídica e alvo de maior consideração moral, não se assegura total inviolabilidade se seus interesses colidirem com outros interesses e direitos fundamentais de indivíduos detentores dos atributos da personalidade civil.

Por isso, Sá e Naves (2018, p. 171) afirmam que a proteção jurídica do embrião *in vitro* adviria sem a necessidade de filiação a uma das teorias sobre o início da vida humana e independentemente de considerá-lo detentor de direitos subjetivos, deveres jurídicos, direitos potestativos, sujeição, poderes, ônus ou faculdades.

No mesmo sentido, verificando que não é possível atrelar a personalidade a uma condição biológica, Semião (2012, p. 184-185) diferencia a personalidade civil do início da vida biológica humana, que, segundo ele, começa com as primeiras formações das atividades cerebrais. No entanto, para o referido autor, esse é um fato unicamente biológico, não recepcionado no mundo jurídico, enquanto a personalidade civil é uma aptidão reconhecida pela ordem jurídica, cujo marco inicial é, sem dúvida, o nascimento, a partir do qual se designa como sujeito de direito o ser capaz de direitos e obrigações.

Desse modo, Semião (2012, p. 214) enxerga o embrião *in vitro* como um centro de interesses despersonalizado, pois, não sendo coisa nem pessoa, ainda assim apresenta vital interesse para o Direito.

---

21 No que tange à prole eventual, o Código Civil estabelece que os bens da herança serão confiados, após a liquidação ou partilha, a curador nomeado pelo juiz, pelo prazo de dois anos, contados da abertura da sucessão, depois do qual, se não for concebido o herdeiro esperado, caberão aos herdeiros legítimos, salvo disposição em contrário do testador (art. 1.800, §§ 1º e 4º, do CC).

Convergindo para a tendência acerca da desnecessidade de um titular para a tutela de situações jurídicas, Helena Pereira de Melo (2008, p. 186) defende que a planetarização da sociedade internacional conduzirá ao gradual reconhecimento da humanidade no seu conjunto como titular de direitos ou como centro de imputação normativa, porque, como se sabe, a proteção pela norma jurídica de determinado bem não requer a existência de um respectivo titular.

Perlingieri (2002, p. 107-108) nos fornece um exemplo do que seria um centro de interesses despersonalizado: a situação da doação em favor de nascituros, em que já existe o interesse juridicamente tutelado, mas ainda não existe o sujeito titular do interesse, em nome do qual o ordenamento atribui legitimidade a terceiros para agir judicialmente, e realizar atos de direito substancial e conservativos.

A tutela estética do cadáver, com vistas à preservação da memória do morto e para evitar sofrimento de seus parentes, é outro exemplo de interesse juridicamente protegido desprovido de um titular, conforme o art. 8º da Lei n. 9.434/97, que dispõe sobre a remoção de órgãos, tecidos ou partes do corpo (SILVA, 2008, p. 107).

Segundo Sá e Naves (2018, p. 85), conquanto sobre a "figura" do morto se forme uma situação de dever jurídico, que consiste em objeto de proteção em face do juízo de reprovabilidade objetivado normativamente, aquele não figura como titular de um direito.

Aqui cabem os seguintes questionamentos: quais serão os interesses tutelados se o embrião criopreservado for considerado um centro de interesses? Se o embrião *in vitro* não é considerado uma pessoa pelo Direito, ainda assim pode vir a ser objeto de proteção?

Sim, pois o fato de ele não ser pessoa não implica que lhe falte proteção, já que é considerado um objeto de direito merecedor de tutela, por não ser mera coisa. Ele é uma coisa que traz significado, e que importa em uma possibilidade de manutenção da espécie humana, com valor intrínseco, sob a tutela do Estado, pelo que é classificado como um objeto de direito fora do comércio, e não sujeito a experimentos de clonagem e de engenharia genética, em virtude da consideração moral indireta que lhe é outorgada (HARRIS; BORTOLOTTI. *In*: ROMEO-CASABONA; SÁ, 2007, p. 307).

Dessarte, em virtude de não ser mera coisa, o embrião *in vitro* jamais poderá ser tratado apenas como objeto de propriedade, dados as qualidades e atributos que o definem como detentor de um patrimônio genético, mas também não pode classificado como pessoa humana.

Por isso, em vez de conferir ao embrião *in vitro* personalidade ou *status sui generis*, mais prudente seria ressignificá-lo, sem alterar sua condição de objeto de direito, deixando de recorrer à categorização de um novo personagem, por ser uma alternativa mais consentânea com a tendência moderna de releitura de institutos e categorias suficiente para atender às demandas do mundo contemporâneo, conforme defendem Lima e Sá (LIMA; SÁ. *In*: BRANDÃO; MORAES; TEODORO, 2018, p. 155-170).

2.7 A TUTELA DE INTERESSES DIFUSOS SOBRE O EMBRIÃO *IN VITRO*

Ao conceituar os bens exclusivos e os bens de gozo múltiplo, Perlingieri fornece uma explicação relativa à teoria global dos bens, que se aplica ao embrião *in vitro*, como justificativa para sua exclusão do comércio ou para sua ausência de patrimonialidade, já que a individuação do referido objeto de direito é realizada não apenas por regras, mas também com base em princípios ou na combinação destes:

> Antes de prosseguir na análise dos específicos aspectos da informação como bem seria útil sintetizar as conclusões alcançadas, as quais referem-se à global teoria dos bens: 1) o bem jurídico é o objeto de uma situação subjetiva; 2) toda situação jurídica tem um bem como objeto; 3) os bens podem ser patrimoniais e não patrimoniais (a patrimonialidade não é um caráter necessário do objeto do direito); 4) a teoria dos bens não requer o gozo exclusivo, já que podem ser concebidos bens a gozo necessariamente múltiplo por parte de uma multiplicidade de sujeitos; a teoria dos bens não corresponde nem à teoria do objeto do direito de propriedade nem àquela do objeto do direito subjetivo: é possível imaginar bens que não podem se encaixar nestas categorias, mas podem ser, legitimamente, objeto de outras situações subjetivas; 5) a individuação de um interesse merecedor de tutela – elevado portanto a situação subjetiva, com um correspondente bem – é realizada pelo ordenamento não apenas com base em regras, mas também com base em princípios; nesse sentido, para que seja possível dizer que o ordenamento reconheceu

> um bem jurídico, não é necessário que exista uma norma regulamentar (os bens jurídicos não o são em número taxativo): é possível realizar a qualificação do bem utilizando somente os princípios (não em abstrato, mas se, na hipótese concreta, o princípio ou uma combinação de princípios fizer emergir um bem) (PERLINGIERI, 2002, p. 237).

Logo, o embrião criopreservado se qualifica como bem jurídico individuado ou interesse merecedor de tutela diferenciada, em razão de seu valor para a humanidade, que o torna objeto de uma situação subjetiva não patrimonial, ora geradora de benefícios a um número indeterminado de sujeitos, por meio da doação para pesquisa e terapia, seguindo, assim, a orientação dos direitos difusos.

Anote-se, ainda, que o objeto do interesse difuso compreende categoria de bens pertencentes a todos, posto que seus titulares são indetermináveis, bem como apresenta natureza indivisível, haja vista a impossibilidade de seu fracionamento, conforme disposto pelo art. 81, parágrafo único, I, da Lei n. 8.078, de 11 de setembro de 1990.

Desse modo, o patrimônio genético, como interesse difuso de continuidade da espécie, em função do qual se dirige a proteção legal conferida aos embriões *in vitro*, justificaria a imposição de limites à utilização dos excedentários.

É certo, pois, que a proteção pode vir sob a forma de proibição de determinados experimentos, como a clonagem humana, pelo caráter difuso das consequências negativas para toda a humanidade, sendo por esse motivo pertinentes as restrições de tal natureza.

No mesmo sentido é a conclusão contida na ementa do Acórdão da Ação Direta de Inconstitucionalidade (ADI) n. 3.510 (BRASIL, 2010), de que o embrião *in vitro* é um bem a ser protegido, mas não uma pessoa no sentido biográfico a que se refere a Constituição. Assim, a proteção legal advém não pelo fato de ser um embrião, mas em virtude do material genético que este possui.

Isso explica, conforme Perlingieri (2002, p. 92), por que a produção de embriões por FIV é considerada pelo ordenamento um fato jurídico, ou seja, evento idôneo a ter relevância para o interesse geral, considerando que o Estado não assiste passivo à realização de atos dos particulares, mas exprime juízos valorativos sobre alguns desses atos.

Isso é o mesmo que se dá com os atos lícitos que resultam na produção de embriões para fins de reprodução assistida, os quais são tutelados à luz dos princípios fundamentais do ordenamento em razão do dever estatal de preservação da diversidade e integridade do patrimônio genético do País.

O dever do Estado de proteger a diversidade e integridade do patrimônio genético se estende à coletividade, e é também exercido por meio da fiscalização das entidades dedicadas à pesquisa e manipulação do material genético, conforme estabelece o art. 225, § 1º, II, da Constituição.

Entende-se, pois, que, diante desse tratamento constitucional, o Estado exerce a função de gestor de um conjunto de bens de uso comum elevado ao *status* de bem difuso, haja vista sua indivisibilidade e indeterminabilidade, por dizer respeito às gerações vindouras (SILVA, 2008, p. 38).

Nesse sentido, dispõe o art. 225, § 1º, II, da Constituição Federal:

> Art. 225. Todos têm direito ao meio ambiente ecologicamente equilibrado, bem de uso comum do povo e essencial à sadia qualidade de vida, impondo-se ao Poder Público e à coletividade o dever de defendê-lo e preservá-lo para as presentes e futuras gerações.
>
> § 1º Para assegurar a efetividade desse direito, incumbe ao Poder Público:
>
> [...] II – preservar *a diversidade e a integridade do patrimônio genético do País e fiscalizar as entidades dedicadas à pesquisa e manipulação de material genético* [...] (grifo nosso).

Por essas razões, o embrião criopreservado não se enquadra em nova categoria ou *tertium genus*, apesar da tutela diferenciada ao patrimônio genético, uma vez que os interesses albergados pelo ordenamento jurídico, que justificam seu congelamento obrigatório, não estão ligados a ele (embrião), mas à coletividade, visando à preservação da diversidade e da integridade do patrimônio genético do País. Por sua vez, os interesses na produção de embriões para fins reprodutivos pertencem aos genitores, dentro da situação subjetiva que permeia o contrato de RA.

Assim, nos termos da teoria da situação jurídica de Perlingieri (2002, p. 108-115), a relação jurídica[22] referente ao contrato de reprodução humana assistida seria titularizada pelas situações subjetivas do(a) paciente, do(a) eventual beneficiário(a) e da clínica de fertilização. De outro lado, os embriões *in vitro*, e, posteriormente, o nascituro (concepto intrauterino), figurariam como centros de interesses complexos (situações jurídicas destituídas de sujeito), ante a ausência de personalidade jurídica.

A partir dessa reflexão, o que explicaria a imposição do dever de congelamento pelo prazo de três anos? O patrimônio genético contido no embrião *in vitro* restaria desprotegido caso a lei autorizasse a destinação para pesquisa e terapia em tempo inferior a três anos?

2.8 CONSIDERAÇÕES SOBRE O DEVER DE CONGELAMENTO DO EMBRIÃO *IN VITRO*

Ivan de Oliveira Silva (2008, p. 130) observa que a Constituição não objetiva impedir a manipulação do material genético, desde que seja garantida a preservação do patrimônio genético, vale dizer, as pesquisas com células-tronco embrionárias poderão ocorrer, uma vez adotadas as cautelas necessárias para garantir a integridade desse bem de uso comum do povo.

Por certo que do interesse, que torna o embrião *in vitro* elegível à tutela protetiva, em benefício da coletividade[23], nasce uma situação

---

[22] Pietro Perlingieri (2002) conceitua a situação jurídica como o conceito geral de categorias de efeitos jurídicos atribuídos a alguns comportamentos humanos, a exemplo do direito subjetivo, do poder jurídico, do interesse legítimo, da obrigação e do ônus. Assim, ele explica que pode haver situações subjetivas sem sujeito, desde que haja um interesse juridicamente tutelado pelo ordenamento, concluindo que o sujeito em si não é parte imanente da situação jurídica, e que esta última pode constituir um centro de interesses mais ou menos complexo. Com relação à relação jurídica, o autor a define, do ponto de vista estrutural, como indispensável para realizar a ligação entre centros de interesses, ao passo que o sujeito figuraria como elemento externo à relação e à situação; e, sob o ponto de vista funcional, a relação teria, ainda, a função de disciplina ou harmonização de opostos centros de interesses.

[23] Fala-se em interesse da coletividade na medida em que se vislumbra que os interesses presentes em tratamentos de reprodução assistida, com propósitos

subjetiva complexa, composta de poderes, deveres, obrigações e ônus, configurando também uma função de solidariedade (PERLINGIERI, 2002, p. 121), da qual resulta um conflito com a liberdade individual, em que o embrião *in vitro* figura, simultaneamente, como objeto e centro de interesses.

A Lei de Biossegurança busca resolver esse conflito por meio da tutela protetiva reconhecendo ao embrião *in vitro* o tratamento de bem jurídico fora do comércio, com inegável importância para a realização de pesquisas e terapias voltadas à cura de diversas doenças, mediante a concordância dos titulares do material genético.

Desse modo, verifica-se que a solução dada pela Lei de Biossegurança de destinação de embriões produzidos por FIV, para pesquisa, em conformidade com a vontade do titular, está em sintonia com o interesse de solidariedade[24] social.

Diverge-se, entretanto, em relação ao dever de congelamento, porquanto o uso em pesquisa, que acarreta a destruição do excedente de embriões produzidos por FIV, também pode ser tido como uma forma de proteção, resultando em benefício ao ser humano. Tal finalidade estaria, assim, adequada à racionalidade jurídica que enxerga o embrião como bem jurídico fundamental de gozo múltiplo, mas não detentor do direito de nascer ou à vida.

Sobre o dever de manutenção das condições indispensáveis à sobrevivência da espécie, Helena Pereira de Melo afirma que:

> Na verdade, embora não seja possível identificar com rigor quais serão os interesses dos indivíduos que habitarão o Planeta num futuro remoto, é possível proceder à identificação de interesses coletivos alargados ao conjunto dos seres humanos considerados ao longo das gerações, como seja o da manutenção das condições indispensáveis à sobrevivência da espécie e a uma vida condigna (MELO, 2008, p. 18).

---

preponderantemente existenciais, são igualmente funcionalizados à tutela da pessoa humana, pelo fato de a Lei de Biossegurança prever o uso dos embriões excedentários em pesquisa, para fins de cura e terapia.

24 A solidariedade é objetivo fundamental da República Federativa do Brasil, inserida no art. 3º, I, da Constituição Federal de 1988, no intuito de buscar a construção de uma sociedade livre, justa e solidária.

Tal entendimento se coaduna com a redefinição do conceito de bens proposta por Luigi Ferrajoli (2011), para quem os "bens fundamentais", que não são coisas objeto de direitos patrimoniais, a exemplo dos órgãos do corpo humano, apresentam sua indisponibilidade como traço distintivo, que os torna *extra commercium*, e relevantes como objeto de tutela, para evitar lesão ou ameaça de lesão a interesses da sociedade, em benefício das gerações atuais e futuras.

Outro aspecto destacado por Ferrajoli (2011) como importante ao bem fundamental é sua subtração do arbítrio das decisões políticas, reafirmando o paradigma dos direitos fundamentais, por meio da estipulação de sua indisponibilidade aos poderes públicos, diante de sua inviolabilidade e da obrigação de garantia de fruição a todos, bem como em função das garantias e limites impostos aos poderes privados.

Para além disso, os bens fundamentais se distinguiriam, ainda, dos bens patrimoniais pela acessibilidade garantida a todos (*pro indiviso*) e a cada um, porque objeto de tantos outros direitos fundamentais (FERRAJOLI, 2011), mas, tal qual o direito ao patrimônio genético, qualificado como interesse difuso do Estado e da coletividade, apenas alguns direitos fundamentais têm como objeto bens fundamentais.

É importante ressaltar, ainda, que a categoria de bens difusos não se encaixa na dicotomia público x privado, tampouco compreende mero apêndice dos bens públicos, haja vista que aqueles possuem natureza e tratamento diversos pela Constituição de 1988, em seu art. 129, III, conforme análise de Ivan de Oliveira Silva (2008, p. 37), por isso a importância de distingui-los de outras categorias de bens jurídicos.

> Logo, é de sublinhar que o artigo 98 do Código Civil de 2002, em verdade, apenas repete uma tradição jurídica que, quanto à classificação dos bens, não se coaduna mais com a realidade do século em que foi concebido, pois desconhece uma via intermediária de interesses muito presente nos séculos XX e XXI (SILVA, 2008, p. 36).

Nesse aspecto, Ferrajoli (2011) oferece uma classificação estrutural, que distingue três classes de bens fundamentais: (a) *os bens personalíssimos*, também chamados de *direitos biológicos* à integridade pessoal, que têm por objeto direitos passivos sob rígida imunidade de sua violação, apropriação ou utilização por parte de outros, tais como os órgãos do corpo humano, sobre os quais reside a garantia de indisponibilidade; (b) *os bens comuns*, chamados pelo autor de *direitos ecológicos*, que têm por objeto direitos ativos de liberdade ou direito acessível a todos, consistentes em expectativas negativas, como proibições de praticar lesões ao ar e a outros bens ecológicos do planeta; (c) *e os bens sociais*, consistentes em expectativas positivas, tendo por objeto direitos sociais à subsistência e à saúde, como a água e alimentos básicos.

Portanto, no que se refere aos bens personalíssimos, estreitamente ligados aos direitos vitais das pessoas, Ferrajoli (2011) aponta que o limite imposto à autonomia privada sobre aqueles bens reflete uma forma de paternalismo, que está na base da indisponibilidade dos direitos fundamentais, como forma de proteção, para evitar que deixem de ser fundamentais.

Por sua vez, os bens comuns representam o patrimônio ecológico da humanidade, apresentando algumas características em comum com os bens personalíssimos, como a subtração à apropriação privada. Contudo, diversamente dos personalíssimos, os bens comuns têm acessibilidade a todos *pro indiviso*, e por essa razão são reconhecidos em muitos tratados internacionais como "patrimônio comum da humanidade", no sentido de pertencimento comunitário (FERRAJOLI, 2011).

Ferrajoli (2011) explica, ainda, que, a proteção do bem fundamental viria sob a forma de sua subtração do mercado e do arbítrio das decisões políticas, dado que suas garantias equivalem a limites impostos, por meio da estipulação de sua inviolabilidade, no âmbito privado, e ao mesmo tempo, da obrigação de garantir a todos sua fruição, no âmbito público.

Assim, no caso dos embriões congelados, a tutela estatal ocorre por meio da conjugação da regra de subtração deles do mercado, por consistirem em bens fundamentais personalíssimos empregados para a realização dos direitos reprodutivos, e da autorização legal para realização de pesquisas e terapias com células-tronco embrionárias, qualificadas como bens sociais, em virtude da coexistência de expectativas positivas da coletividade de efetivar o direito social à saúde.

Isso não significa falar em interesses opostos entre genitores e Estado, pois o interesse tutelado não é somente o do titular, mas também o da coletividade, de maneira que a distinção entre situações ativas e passivas não pode ser entendida em sentido absoluto, constituindo a situação uma norma de conduta, que pode significar a atribuição ao sujeito – no interesse próprio, de terceiros ou social – do poder de realizar ou não realizar determinados atos (PERLINGIERI, 2002, p. 106).

Sob o perfil funcional (PERLINGIERI, 2002, p. 116), fica ainda mais clara a ausência de opostos centros de interesses relacionados, cuja disciplina se dá pela relação jurídica, ante a inexistência de uma situação subjetiva a que corresponda um suposto direito ao congelamento dos embriões *in vitro* viáveis por três anos.

Apesar disso, a condição de objeto jurídico, confirmada pela ausência de autonomia e de interesses próprios do embrião *in vitro*, que se encontra em um hiato entre o momento da concepção extrauterina e a transferência ao útero, não afasta a tutela do Direito, dada a relevância social da pesquisa e terapia com células-tronco embrionárias e do dever estatal de preservar o patrimônio genético contido no embrião *in vitro*, para as presentes e futuras gerações.

O tratamento jurídico conferido ao embrião *in vitro* orienta-se, pois, para a confirmação da tese de que não se tem um direito inato e primordial à personalidade, sendo possível sua utilização em pesquisa e terapia, para tutela de interesses coletivos.

Do mesmo modo, Dworkin (2009, p. 20) afirma: "[...] Também não é suficiente, para que alguma coisa tenha interesses, que esteja viva e em processo de transformação em algo mais maduro [...]", assim como não é bastante que o embrião esteja em processo de transformação de um ser humano para ser considerado um indivíduo titular de direitos.

Com relação à distinção entre embrião criopreservado e nascituro, Daniela Grechi (2009, p. 35) afirma que "[...] não há como se advogar em favor da equiparação entre ambos, na medida da diferenciação biológica e jurídica existente entre eles".

Logo, infere-se que a personalidade seria uma qualidade atribuída pela lei, desde que fossem verificadas determinadas condições, como o nascimento com vida, que, conforme Tallarico e Martins (2014, p. 212), encontra-se disposta em dois níveis: "[...] o primeiro na Constituição da República de 1988, sendo os princípios basilares; e, em segundo nível, no Código Civil de 2002, trata-os de maneira mais específica e pormenorizada".

Em tal sentido, Queiroz afirma:

> Este quadro conceitual do embrião permite denotar que, assim como ocorre para o fim da existência humana, o seu início também não é um dado pontual, mas sim uma escolha advinda de composições dos vários aspectos culturais definidores de uma sociedade (QUEIROZ, 2015, p. 139).

Em complemento, Queiroz assevera:

> Tal perspectiva não conduz à afirmação de que o embrião não mereça nenhuma forma de tutela, mas sim que esta tutela não está vinculada ao fato de ele ser considerado ou não pessoa. A justificativa do dever de tutela do embrião depende de razões de outra ordem e a quantidade da tutela depende do aspecto sociocultural, podendo ser inferior, igual ou mesmo superior ao da pessoa (QUEIROZ, 2015, p. 144).

Dessa maneira, como alternativa ao crescente número de embriões excedentários congelados, no lugar de se estabelecer um dever legal de congelamento de três anos, conflitante com os direitos fundamentais dos genitores, dever-se-ia oportunizar a estes, independentemente de qualquer prazo, o direito de decidir o destino de seus embriões excedentários congelados, em pleno respeito à liberdade de planejamento familiar, evitando a provável deterioração com o passar dos anos e a consequente inviabilidade para uso em pesquisa e terapia.

Portanto, vê-se que, no tocante às situações jurídicas produzidas pelo uso das técnicas de reprodução assistida, o dever de congelar embriões viáveis não se legitima, em face dos direitos fundamentais reprodutivos e de liberdade de planejamento familiar das pessoas.

Capítulo 3

AUTONOMIA REPRODUTIVA E PLANEJAMENTO FAMILIAR

3.1 ANTECEDENTES HISTÓRICOS

A perspectiva histórica dos direitos fundamentais desemboca no surgimento do moderno Estado Constitucional, coincidindo com o reconhecimento e proteção da dignidade da pessoa humana e com a limitação do poder estatal (SARLET; MARINONI; MITIDIERO, 2021, p. 137).

Sarlet, Marinoni e Mitidiero (2021, p. 137) destacam que algumas concepções doutrinárias e formas jurídicas antecederam e influenciaram o reconhecimento dos direitos fundamentais, no final do século XVIII, até sua consagração ao longo do século XX, em nível do direito constitucional positivo.

Klaus Stern (1988 *apud* SARLET; MARINONI; MITIDIERO, 2021, p. 137) sintetiza em três etapas a trajetória histórica dos direitos fundamentais: (a) uma pré-história, com raízes na filosofia clássica, especialmente no pensamento greco-romano e na tradição judaico-cristã, que se desenvolve até o século XVI; (b) uma fase intermediária, de elaboração e afirmação da doutrina jusnaturalista, com as primeiras formulações a respeito de direitos da pessoa humana, na seara do pensamento filosófico europeu; (c) e a fase da constitucionalização, iniciada em 1776, com as sucessivas declarações de direitos dos novos Estados americanos (Declaração de Direitos do Povo da Virgínia, de 1776), e com a Declaração Francesa, de 1789.

Nas primeiras constituições, os direitos fundamentais foram concebidos como direitos de defesa do indivíduo perante o Estado, fortemente influenciados pelo pensamento liberal-burguês do século XVIII. Contudo, os impactos da industrialização e dos graves problemas sociais e econômicos e a constatação de que a consagração formal de liberdade e igualdade não assegurava seu efetivo gozo acabaram, já no decorrer do século XIX, gerando amplos movimentos reivindicatórios e o reconhecimento progressivo de direitos sociais, cuja nota distintiva é sua dimensão positiva de propiciar o bem-estar social (SARLET; MARINONI; MITIDIERO, 2021, p. 141).

Desse modo, a tradição liberal dos direitos do homem, congregada em torno do *laissez-faire*, que vai do período do século XVII até a metade do século XIX, sofreu forte contestação, no plano político, pelo republicanismo e pelo comunitarismo, dando ensejo aos aprimoramentos da doutrina do *Welfare State*, diante da dificuldade de enfrentar a realidade dos problemas sociais do capitalismo, que desencadearam as lutas populares dos séculos XIX e XX.

Preocupada em promover o bem-estar social, a doutrina do *Welfare State* foi responsável pela introdução de direitos sociais nas Cartas constitucionais, período que faz parte da história do constitucionalismo moderno, no qual sobressai como símbolo maior a Constituição de Weimar.

Posteriormente, a Declaração Universal dos Direitos Humanos de 1948 inaugurou uma nova fase histórica de internacionalização dos direitos humanos, em razão da proclamação dos direitos fundamentais pela Assembleia Geral das Nações Unidas (ONU), dando início ao processo de inclusão de novas categorias de direitos supraestatais, não mais restritos ao interior dos Estados.

Tal como no direito internacional, a multiplicidade de fontes dos direitos fundamentais é admitida no ordenamento jurídico brasileiro, que prevê, expressamente, a possibilidade de ampliação de novos direitos e garantias fundamentais, decorrentes inclusive de tratados internacionais de que o Brasil seja parte, conforme art. 5º, § 2º, da Constituição Federal.

Nesse norte, para Norberto Bobbio (2004, p. 1), o reconhecimento e a proteção dos direitos do homem estão na base das Constituições modernas, sem os quais não se pode falar em democracia, e em condições mínimas para solução pacífica dos conflitos.

Bobbio (2004, p. 5) afirma também que os direitos naturais, por mais fundamentais que sejam, são históricos, isto é, resultado das lutas pela emancipação do homem, em defesa do reconhecimento de novas liberdades, tese da qual não mais se afastou.

Destaca Ferrajoli (2011) que nenhum dos direitos fundamentais surgiu por acaso; foram conquistados por rupturas institucionais, como as que ocorreram nas grandes revoluções americana e francesa. Tais direitos tiveram a finalidade de pôr limites aos poderes opressivos das Igrejas e dos governos políticos, em um espaço em que o homem era tratado como animal político, tal como descrito no "modelo aristotélico", em que se baseou, durante séculos, o Estado paternalista, caracterizado por governos despóticos tradicionais, que comparavam o indivíduo às crianças, negando-lhe os direitos de liberdade para seu próprio bem (BOBBIO, 2004, p. 70).

Desse modo, o reconhecimento dos direitos humanos teria ocorrido gradualmente, começando pela liberdade pessoal e pelas liberdades negativas dos camponeses e assalariados, que são chamados direitos de primeira geração. Vieram depois os direitos sociais ou de segunda geração. Em seguida foram reconhecidos os de terceira geração, sendo o mais importante deles o direito de viver em um ambiente não poluído. Por fim, foram delineados os de quarta geração, referentes aos efeitos das pesquisas biológicas e de manipulação do patrimônio genético do indivíduo (BOBBIO, 2004, p. 5).

Nesse espectro, em uma quinta geração estão inseridos os direitos reprodutivos, conforme entende Queiroz:

> Os direitos reprodutivos, enquadrados na categoria dos direitos humanos de quinta geração, assumem, nos diversos ordenamentos, nomenclaturas, tais como: "direito à escolha reprodutiva", "direito à liberdade reprodutiva", "direito à autodeterminação reprodutiva", "direito ao processo decisional reprodutivo", todas voltadas à impostação de uma fenomenologia de que o indivíduo tem direito ao controle da própria sexualidade e de sua vida reprodutiva (QUEIROZ, 2015, p. 61).

Assim, a evolução e o gradual reconhecimento dos direitos fundamentais constituem prova de que não existem direitos por natureza, e em relação aos quais também não é concebível a possibilidade de atribuir um fundamento absoluto (BOBBIO, 2004, p. 18).

De acordo com Bobbio (2004, p. 23-25), dado seu relativismo, são poucos os direitos fundamentais que não concorrem com outros, sendo a proteção, e não a justificação, o principal problema que se enfrenta, hodiernamente, para impedir que sejam violados, apesar das solenes declarações.

Na definição proposta por Luigi Ferrajoli (2011), são "direitos fundamentais" os direitos subjetivos relacionados, universalmente, a "todos" os seres humanos dotados do *status* de pessoa, com ou sem capacidade de agir, ou cidadania.

Nota-se, pois, que, dentre os temas de maior debate no meio jurídico, sobressai o dos direitos fundamentais, sobre o qual se debruçam a filosofia do direito, a teoria do Estado, o Direito Constitucional, entre outros ramos do Direito (FERREIRA FILHO, 2011, p. 333).

Ensina Ferreira Filho (2011, p. 333) que a doutrina dos direitos fundamentais tem raízes na filosofia do direito, a qual mostra interesse especial em questões complexas e abstratas, além de inserir-se no cotidiano do poder estatal, apresentando, por essa razão inegável importância para a teoria do Estado; já quanto ao direito constitucional, constituiria o próprio cerne deste.

Desde seu primórdio, a função principal da Constituição consiste na garantia de direitos contra o abuso dos mais poderosos, estabelecendo limites organizatórios ao poder, por meio de um sistema de freios e contrapesos, que se tornou o eixo central do que se convencionou chamar de pacto político, destinado a prevenir ataques aos direitos naturais do homem, refletindo, segundo Ferreira Filho (2011, p. 333-334), a nítida vinculação entre a Constituição (verdadeira) e a proteção dos direitos fundamentais.

Apesar de tal vinculação persistir, com as transformações sociais, outras preocupações alargaram o campo da Constituição, sem acarretar, contudo, a perda da importância dos direitos e garantias individuais, que se incluem entre as limitações materiais ao Poder Constituinte derivado (FERREIRA FILHO, 2011, p. 334).

De acordo com a classificação de direitos fundamentais de Ferreira Filho (2011, p. 334), os direitos de primeira geração encontram-se nas liberdades públicas; depois vêm os direitos econômicos e sociais de segunda geração; e os direitos de terceira geração, ora representados pelos direitos ao meio ambiente e à comunicação. Contudo, Ferreira Filho reconhece que se multiplicou o número de direitos apresentados como fundamentais, implícitos ou advenientes de tratados internacionais, até porque o próprio texto constitucional não proíbe que novos direitos sejam reconhecidos em virtude do regime e dos princípios por ele adotados, conforme o § 2º do art. 5º da Constituição.

No entanto, para Ferreira Filho (2011, p. 337-338), nem todos os direitos declarados nos tratados ou nas Constituições podem ser considerados verdadeiros direitos fundamentais, o que levaria à distinção entre direitos humanos fundamentais formais e direitos humanos fundamentais substanciais: estes são portadores de um vínculo com a natureza humana, a exemplo da liberdade pessoal, da igualdade, da propriedade e da segurança, independentemente do reconhecimento da fundamentalidade de tais direitos; enquanto os direitos humanos fundamentais formais são aqueles que se encontram meramente inscritos na Lei Suprema ou em tratado internacional.

A desvalorização do sentido de "fundamental", que o torna não equivalente a "essencial", ocorre pelo inflacionamento dos direitos fundamentais, levando à necessidade de ter um critério de solução para eventuais conflitos, conforme reflexão de Manoel Gonçalves Ferreira Filho (2011, p. 338).

Por isso a importância de definir critérios objetivos para identificação de direitos fundamentais substanciais, como solução para eventuais conflitos, embora seja contestada a hierarquia entre aqueles (FERREIRA FILHO, 2011, p. 338).

3.2 O DIREITO À LIBERDADE DE PLANEJAMENTO FAMILIAR

Apresentando nítido vínculo com a natureza humana, o direito ao livre planejamento familiar pode ser entendido como uma das dimensões do direito à liberdade, consistente no poder outorgado à família de autorregulamentação das relações entre seus membros, no espaço privado, conforme previsto no art. 12 da Declaração Universal dos Direitos Humanos:

> Ninguém sofrerá intromissões arbitrárias na sua vida privada, *na sua família*, no seu domicílio ou na sua correspondência, nem ataques à sua honra e reputação. Contra tais intromissões ou ataques toda a pessoa tem direito a protecção da lei (grifo nosso).

Nessa esteira, consoante dispõe o art. 226, § 7º, da Constituição, o direito à liberdade de planejamento familiar se funda nos princípios da dignidade da pessoa humana e da paternidade responsável, encontrando-se protegido contra qualquer tipo de coerção, ante sua natureza jurídica fundamental, suscitando do Estado uma atuação positiva ou prestacional, no sentido de propiciar recursos educacionais e científicos à sua plena satisfação.

A Lei n. 9.263, de 12 de janeiro de 1996, ao regulamentar o exercício do direito ao planejamento familiar, estabelece em seu art. 2º: "Para fins desta Lei, entende-se planejamento familiar como o conjunto de ações de regulação da fecundidade que garanta direitos iguais de constituição, limitação ou aumento da prole pela mulher, pelo homem ou pelo casal".

Demais disso, o direito à liberdade de planejamento familiar também remete à ideia de autodeterminação, notadamente quanto aos direitos sexuais e reprodutivos, que, por sua vez, determinam uma atuação negativa do Estado, de reconhecimento e proteção.

Para Juliane Fernandes Queiroz:

> O planejamento familiar pode ser entendido como um confronto entre a liberdade de escolha individual, a liberdade de ação, e a consciência das responsabilidades. Assim, as consequências que aquela escolha, aquela ação leva a assumir é um dos limites impostos ao direito de procriar (QUEIROZ, 2015, p. 82).

Entendido como direito fundamental, de eficácia plena, garantido pelo art. 226, § 7º, da Constituição, o direito à liberdade de planejamento familiar significa a autonomia para conduzir a própria vida, que, para Habermas (2004, p. 78), é assegurada pela moral, com base na qual o conceito de universalidade das normas válidas exige levar em consideração todos os projetos individuais de vida dos membros de uma comunidade inclusiva, que não exclui ninguém, sobretudo nos casos de conflito.

Porém, é complexa a tarefa de sempre harmonizar a vontade de todos, considerando que o ordenamento jurídico-político possui a estrutura de uma inclusão daquilo que é, ao mesmo tempo, expulso, exprimindo a estrutura originária da relação jurídica sob a forma de um estado de exceção (AGAMBEN, 2010).

Inobstante isso, a legislação reconhece o direito ao respeito à vida familiar, tutelando a escolha de seu *modus vivendi*, visto como bem jurídico, que tem origem no direito à inviolabilidade do direito à vida, fonte primária de outros bens como a intimidade, notadamente proibitiva contra interferências do Estado sobre a autonomia familiar (art. 5º, X, da CF, e art. 1.513 do CC) (QUEIROZ, 2015, p. 44-45).

Por isso se diz que o direito ao planejamento familiar é de livre decisão do casal, vinculando-se à privacidade e à intimidade do projeto de vida individual e parental dos envolvidos.

Desse modo, Queiroz (2015, p. 47) assevera que, "Em defesa da vida privada e da intimidade, culminando na própria tutela da integridade, sempre inspirada pela garantia da pessoa, é conferida liberdade familiar para se autodeterminar na busca de seus interesses".

Com a evolução, a passos largos, da ciência da reprodução, o destino dos embriões *in vitro* para pesquisa passou a fazer parte do debate jurídico sobre a liberdade de planejamento familiar, ante as limitações impostas pela Lei de Biossegurança[25] e pela Resolução CFM n. 2.320, de 1º de setembro de 2022[26], considerando que em ambas está previsto o dever de congelar os excedentes viáveis[27].

---

25 Art. 5º É permitida, para fins de pesquisa e terapia, a utilização de células-tronco embrionárias obtidas de embriões humanos produzidos por fertilização *in vitro* e não utilizados no respectivo procedimento, atendidas as seguintes condições: I – sejam embriões inviáveis; ou II – sejam embriões congelados há 3 (três) anos ou mais, na data da publicação desta Lei, ou que, já congelados na data da publicação desta Lei, depois de completarem 3 (três) anos, contados a partir da data de congelamento (Brasil. Lei n. 11.105, de 24 de março de 2005).

26 VI – DIAGNÓSTICO GENÉTICO PRÉ-IMPLANTACIONAL DE EMBRIÕES. 1. As técnicas de reprodução assistida podem ser aplicadas à seleção de embriões submetidos a diagnóstico de alterações genéticas causadoras de doenças, podendo nesses casos ser doados para pesquisa ou descartados, conforme a decisão do(s) paciente(s), devidamente documentada com consentimento informado livre e esclarecido. 2. As técnicas de reprodução assistida também podem ser utilizadas para tipagem do Antígeno Leucocitário Humano (HLA) do embrião, no intuito de selecionar embriões HLA-compatíveis com algum irmão já afetado pela doença e cujo tratamento efetivo seja o transplante de células-tronco, de acordo com a legislação vigente. 3.O tempo máximo de desenvolvimento de embriões in vitro é de até 14 (quatorze) dias. (Resolução CFM n. 2.320, de 1º de setembro de 2022).

27 A anterior Resolução CFM n. 2.294, de 27 de maio de 2021, estabelecia que os excedentes viáveis poderiam ser descartados, após três anos de congelamento,

3.3 DIREITOS REPRODUTIVOS

Em matéria de reprodução humana, credita-se à infertilidade o desenvolvimento tecnológico voltado ao interesse de encontrar soluções para o entrave à concretização da saúde reprodutiva dos indivíduos.

Juliane Fernandes Queiroz (2015, p. 21) salienta que a infertilidade foi o elemento propulsor do desenvolvimento da tecnologia de reprodução humana medicamente assistida, que tornou possível conceber uma criança mediante procedimentos externos, médicos e científicos.

Queiroz (2015, p. 37) explica que o triunfo do individualismo levou o ser humano a não mais aceitar passivamente seu destino natural, de onde veio o impulso para o progresso, que modificou a realidade das limitações biológicas, ao mesmo tempo que promoveu a transformação cultural de múltiplos modos de vida e formas de organização social.

Desse modo, o emprego de técnicas de RA passou a ser visto como algo muito útil ao pleno desenvolvimento da pessoa, ante as possibilidades oferecidas para o exercício dos direitos reprodutivos, por meio da procriação e superação dos impedimentos biológicos de fertilidade.

Nesse âmbito, os direitos reprodutivos podem ser conceituados como direitos de liberdade individual necessários à realização do livre exercício da autonomia reprodutiva da pessoa, tais como: direito à saúde sexual e reprodutiva, direito aos benefícios do progresso científico, direito à liberdade e não discriminação quanto às escolhas, direito à informação para tomada de decisão, direito à autodeterminação e livre escolha da maternidade e paternidade, direito à proteção social à maternidade, à paternidade, à família etc.

Além disso, segundo Miriam Ventura (2009, p. 20), os direitos reprodutivos não se limitam à simples proteção da procriação humana, como preservação da espécie, mas também envolvem a realização conjunta dos direitos individuais e sociais, que estabelecem a equidade nas relações.

---

por vontade expressa dos pacientes, mediante autorização judicial. A atual Resolução CFM 2.320, de 1º de setembro de 2022, prescreve que os excedentes viáveis devem ser criopreservados. Não foi fixado um prazo obrigatório de criopreservação, assim, apenas quando houver o diagnóstico de inviabilidade por alterações genéticas causadoras de doenças, os excedentes poderão ser doados para pesquisa ou descartados, conforme a decisão do(s) paciente(s), devidamente documentada, segundo o CFM.

Os direitos reprodutivos consistem, portanto, na liberdade de decidir se, como e quando reproduzir, de forma responsável, livre de coerção e discriminação, com acesso aos recursos educacionais e tecnológicos, para efetivação dessa escolha. São, por assim dizer, direitos essenciais ao pleno e livre desenvolvimento da pessoa.

A evolução dos direitos reprodutivos foi marcada por um processo histórico de lutas sociais pela afirmação do direito à procriação, tanto natural quanto medicamente assistida, conforme se verifica na sentença n. 2000-02306, de 15 de março de 2000, proferida pela Corte Suprema da Costa Rica pela Corte Interamericana de Direitos Humanos (2012), referente ao caso "Artavia Murillo y otros ('fecundación *in vitro*') *vs.* Costa Rica", no qual foi reconhecido, por maioria de cinco votos a um, que constituía grave impedimento ao exercício dos direitos à integridade pessoal, liberdade pessoal, privacidade e autonomia reprodutiva a proibição geral de realização da FIV, sobretudo para aqueles cujo único tratamento possível de infertilidade depende da realização da referida técnica de RA (CIDH, 2012, p. 25-99).

Quanto à origem, Pegorer (2016, p. 13-22) acrescenta que a denominação "direitos reprodutivos e sexuais" teria, provavelmente, surgido como resultado de avanços e retrocessos de demandas de movimentos feministas e de direitos humanos, em âmbitos nacional e internacional, com respeito à questão reprodutiva e ao espaço da mulher em questões relativas ao conceito de família, filiação e métodos de concepção e contracepção, nos âmbitos público e privado.

Pegorer (2016, p. 15-19) divide em ondas a evolução do movimento feminista em busca do reconhecimento dos direitos civis e políticos: na "primeira onda", questionou-se a exclusão das mulheres da condição de cidadãs, e, nesse aspecto, foi importante por estimular a participação feminina no cenário político, através do movimento sufragista de 1848, nos Estados Unidos, e no Brasil, após a Revolução de 1930; a "segunda onda" ocorreu devido à incorporação em larga escala da mulher ao mercado de trabalho, e como resposta à exploração de sua mão de obra, levando à contestação dos critérios estabelecidos na crença de sua inferioridade; e a "terceira onda" tem como foco o debate sobre as relações de gênero e políticas identitárias, sobretudo a partir da década de 1990.

No plano internacional, Juliane Fernandes Queiroz (2015, p. 61) assinala a Conferência Internacional das Nações Unidas ocorrida em 1968, em Teerã, no Irã, como primeira tentativa de inserção de um direito reprodutivo no rol dos direitos humanos, com abordagem voltada para contracepção. Ainda hoje estão em curso iniciativas para assegurar o exercício dos direitos reprodutivos, considerando os pontos sensíveis envolvidos em questões como a realização do aborto (SMYTH, 2019).

Em relação ao surgimento de novos direitos, Norberto Bobbio (2004, p. 58) chama de *especificação* o fenômeno consistente em nova tendência cada vez mais acentuada de determinar sujeitos titulares de direitos, o que em relação ao gênero se verificou por meio do reconhecimento das diferenças específicas, e, mais recentemente, expandiu-se com o reconhecimento dos direitos atinentes à infância, velhice, doenças mentais e deficiências.

Para Bobbio (2004, p. 63), essa multiplicação de direitos assinalou o processo de passagem das chamadas liberdades negativas para os direitos políticos e sociais, que teria ocorrido, basicamente, de três modos: aumento do número de bens merecedores de tutela estatal (mais bens); extensão da titularidade de alguns direitos a sujeitos diversos do homem (mais sujeitos); e especificidade do homem, em suas várias maneiras de ser em sociedade (mais *status*).

A conquista dos direitos reprodutivos também é percebida por Bobbio (2004, p. 28-29), com precedência, na história da formação das declarações de direitos, na qual se distinguem três fases: a primeira presente na obra de filósofos como John Locke; a segunda, quando os direitos ganharam concreticidade, como direitos do cidadão, por meio do Estado; e a terceira, em que há a afirmação dos direitos, ao mesmo tempo *universal e positiva*, tendo como destinatários todos os homens.

Norberto Bobbio (2004, p. 29) define o referido processo de afirmação dos direitos como transfiguração da *universalidade abstrata* dos direitos naturais na *particularidade concreta* dos direitos positivos.

Assim é que, ao mesmo tempo universal e positivo, porquanto idealmente reconhecido e protegido até mesmo contra o Estado, o direito que as mulheres têm de controlar o uso do próprio corpo está fortemente ligado ao direito de decidir sobre o planejamento familiar e à autonomia reprodutiva, mas com evidente aplicabilidade a qualquer que seja o gênero dos sujeitos de direito, dependendo, para tanto, que estejam eles livres de coerção, inclusive quanto à decisão sobre o destino dos embriões criopreservados.

Mas nem sempre os direitos reprodutivos tiveram a amplitude atual. Segundo Pegorer (2016, p. 27), teria havido um salto qualitativo em relação aos direitos sexuais, hoje concebidos também como uma liberdade positiva, ou seja, liberdade de pleno exercício da sexualidade (um fazer); antes eles encontravam previsão ainda tímida nos documentos internacionais, restringindo-se a uma liberdade negativa, que priorizava o combate a abusos e explorações sexuais (um não fazer).

Queiroz (2015, p. 66) destaca, ainda, que o "nexo entre saúde reprodutiva e planejamento familiar faz com que ambos estejam protegidos como direitos humanos, dentro da mesma formatação do direito reprodutivo".

Desse modo, o direito reprodutivo e o direito ao livre planejamento familiar fazem parte inalienável dos direitos humanos universais, como princípios basilares que orientam todo o ordenamento jurídico.

A reflexão sobre os direitos reprodutivos, como direitos individuais de primeira dimensão, em sociedades marcadamente pluralistas, também exige do Estado uma atuação positiva, pois é seu dever garantir a concretização da liberdade de planejamento familiar, fornecendo meios para sua realização, seja por meio de métodos contraceptivos ou conceptivos, à luz da existência de uma sociedade cosmopolita, que busca a efetivação de uma democracia material de fins inclusivos.

Todavia, a falta de diferenciação de conteúdo e extensão dos direitos sexuais no ordenamento jurídico brasileiro deixa clara a compreensão da sexualidade subordinada à reprodução. Assim, historicamente, os direitos reprodutivos encontram-se pautados pela tensão entre a maternidade obrigatória e a liberdade de decidir quando reproduzir, para o que também se deve dispor dos meios necessários, nos casos de infertilidade ou impossibilidade de gerar filhos, conforme aponta Pegorer (2016, p. 29).

Adicionam ainda mais tensão ao exercício dos direitos reprodutivos as profundas transformações por que vem passando o estatuto ontológico de crenças e valores do homem, ante o processo de desnaturalização da família, que, atualmente, ganhou novos contornos com o problema referente aos genitores de vida não nascida, acentuando a diferença entre *genitorialidade*[28] e paternidade, ao mesmo tempo que se deu a intervenção estatal quanto aos aspectos éticos da pesquisa científica, sob o argumento da necessidade de proteção do valor da vida humana (QUEIROZ, 2015, p. 39).

Desse modo, a Lei de Biossegurança (LB) e a Resolução n. 2.320/2022 do Conselho Federal de Medicina (CFM) visam lidar com o avanço científico e ordenar as condutas dos sujeitos, o que não afasta o necessário cuidado com a forma de intervenção sobre os direitos reprodutivos e a liberdade de planejamento familiar dos indivíduos, posto que possíveis conflitos podem surgir entre os interesses tutelados pelo Estado e os direitos fundamentais das pessoas, diante de restrições, a exemplo da que estabelece o prazo de três anos de congelamento dos embriões viáveis (art. 5º, II, LB).

A regulamentação dos efeitos das aplicações tecnológicas se presta, portanto, a assegurar respeito aos limites estabelecidos pelos princípios bioéticos e biojurídicos, visto que os direitos reprodutivos garantem o exercício livre da sexualidade e reprodução humanas, por meio de técnicas de reprodução assistida, mas apenas de forma responsável, não isentando a intervenção humana de suas responsabilidades éticas.

Assim, a atuação do Estado, por meio da imposição de restrições ao exercício das liberdades, é vista como necessária para impedir excessos e violações de outros direitos e interesses protegidos pelo ordenamento, para a satisfação dos desejos egoísticos dos indivíduos.

Contudo, conforme ensina Luigi Ferrajoli (2011), em uma ordem jurídica dotada de constituição rígida, para ser válida não basta que a norma atenda aos critérios formais de sua produção, pois é também necessário que respeite os princípios e os direitos fundamentais estabelecidos na constituição.

Assim, a despeito de ser necessária a imposição de contrapesos aos direitos reprodutivos, visto que nenhum direito é absoluto, o intérprete deve perquirir se os limites impostos violam ou restringem muito além do necessário o exercício daqueles direitos, sob pena de a própria

[28] Juliane Fernandes Queiroz (2015, p. 134) conceitua a genitorialidade como a relação decorrente do fornecimento do material genético para concepção, enquanto a paternidade constitui o vínculo de parentesco.

proteção se tornar uma violação, o que por si só é uma tarefa complexa, mas sempre necessária.

3.4 AS LIMITAÇÕES SOBRE A AUTONOMIA REPRODUTIVA

Juliane Fernandes Queiroz (2015, p. 66) afirma que a justificativa para o controle do processo reprodutivo abre divergência entre dois diferentes paradigmas: o primeiro deles consiste na ética da sacralidade da vida, com base na qual aos sujeitos não seria facultado o controle do processo de reprodução, abrangendo sexualidade e procriação e os direitos inalienáveis do nascituro; e o segundo consiste na ética da qualidade da vida, que admite o controle do processo reprodutivo pelos genitores, por ser moralmente lícita, além de propiciar o avanço civilizatório.

Contudo, para Queiroz (2015, p. 66-67), a escolha do paradigma ético da sacralidade da vida não se compatibilizaria com o campo completamente diverso da autonomia pessoal na amplitude procriativa, pois, a menos que haja pressupostos convincentes respaldados em valores e princípios de uma justificativa concreta e efetiva para a não realização das vontades manifestadas pela capacidade de autodeterminação das pessoas, os projetos existenciais das pessoas devem ser considerados moralmente lícitos, haja vista que a liberdade é essencial para a concretude de direitos fundamentais consagrados no texto constitucional, como integrantes da dignidade humana.

Por isso, afirma Queiroz que:

> A questão intrínseca da reprodução humana se desenvolve, então, nas indagações acerca dos fundamentos, das razões, da extensão do direito de procriar, assim como de se levar em consideração interesses, a fim de se definir se esses devam ser valorados e até que ponto deve ser essa garantia. O foco da discussão também abrange a esfera natural e assistida da procriação, com seus desdobramentos principiológicos e suas consequências na estrutura social (QUEIROZ, 2015, p. 71).

Assim, por se referir ao exercício de liberdades fundamentais, não é possível esquivar-se de avaliar as premissas e condições estabelecidas pelo ordenamento, cumprindo questionar se aquelas justificam os desdobramentos que atingem os projetos existenciais, a exemplo do dever de criopreservação dos embriões excedentários, como caminho escolhido pelo ordenamento, para evitar a eliminação sumária de embriões humanos.

Em outras palavras, impõe-se que a tutela da autodeterminação reprodutiva seja valorada em relação ao dever de congelamento dos embriões excedentários, no sentido de perquirir se o interesse estatal em jogo é legítimo o suficiente para limitar o exercício de direitos fundamentais reprodutivos e de liberdade de planejamento familiar.

Nesse tocante, entende-se que é controversa a interpretação de que a criopreservação oferece algum benefício para o embrião *in vitro*, já que sequer é excluída a possibilidade futura de sua destruição, para uso em pesquisa e terapia de células-tronco, e considerando, ainda, a ausência de argumentos morais capazes de subordinar os direitos reprodutivos e de liberdade de planejamento familiar das pessoas, a pretexto de um suposto interesse estatal de conceder aos genitores um prazo de reflexão, mesmo quando já se encontra presente a manifestação concreta e pronta da vontade sobre o destino dos embriões *in vitro*.

Além disso, os altos custos financeiros advindos com o uso das técnicas de congelamento e descongelamento chocam-se com o princípio bioético da justiça, haja vista que cerceiam o acesso universal às tecnologias de reprodução assistida, violando os direitos reprodutivos das pessoas.

Não fosse isso bastante, há, ainda, a questão referente à incongruência de conferir tal proteção a organismos não individualizados frente aos genitores, impedindo o exercício de direitos fundamentais, em virtude de um contraditório dever legal de congelamento por três anos, quando se sabe que não há um contraposto direito de criopreservação, o que não impede, é claro, que outros interesses sejam tutelados.

Nesse tocante, John Harris e Lisa Bortolotti (*In*: ROMEO-CASABONA, SÁ, 2007, p. 308) argumentam que, para que um ser seja adequadamente considerado apto a desfrutar de consideração moral direta de outros indivíduos, é necessário, primeiro, que possa ser considerado como consciente ou como pessoa, e assim detentor de certa complexidade, que lhe possibilite ter interesses em seu próprio bem-estar, no sentido de valorizar a própria vida, muito além de apenas não sentir dor ou não estar em perigo. Com base nesse raciocínio, os embriões *in vitro* não seriam candidatos ao reconhecimento do mesmo *status* moral reservado às pessoas, já que falta a eles o mínimo de complexidade para dar azo a interesses próprios.

Em vista disso, Harris e Bortolotti (*In*: ROMEO-CASABONA; SÁ, 2007, p. 324) também criticam o uso da noção de potencialidade na investigação com células-tronco, por ser muito ampla, seja porque não existe indicação do momento a partir do qual se considera uma pessoa em potencial, quer seja porque não é plausível argumentar com obrigações morais diretas baseadas na personalidade potencial, se até uma célula somática humana é uma pessoa em potencial.

Com o mesmo enfoque, assevera Juliane Fernandes Queiroz que:

> O caráter irrelato da subjetividade, de maneira contraditória, impulsiona o ser humano a exasperar o dado biológico da geração e a esquecer-se do dado dialógico e comunicacional da mesma procriação, que não se limita a transmitir a vida biologicamente compreendida, mas que também deve transmitir uma vida humana culturalmente qualificada. É próprio porque se vive em um mundo em que a natureza não é somente um fato biológico, e no qual não se pode esperar que a mesma procriação e genitorialidade sejam reconduzidas a um fato físico puramente, mas, sim, ampliadas a fato social e cultural (QUEIROZ, 2015, p. 81).

Vê-se, pois que a política legislativa de Estado notadamente eugênica, como a que estabelece critérios qualitativos a partir dos quais fixa um prazo obrigatório de congelamento de embriões viáveis, desconsidera que o interesse público em proteger tais organismos deve se harmonizar com os direitos reprodutivos e de liberdade de planejamento familiar dos genitores.

Não se trata de pensar na vontade exclusiva dos genitores, ou no uso abusivo do Direito, como faria o indivíduo kantiano, que pensa existir maneiras de determinar o que é realmente justo (WALDRON, 2003, p. 48), mas deve-se sim levar em consideração o *status* jurídico que hoje o ordenamento atribuiu ao embrião *in vitro*, e a fundamentação para tanto.

Afinal, conforme assevera Juliane Fernandes Queiroz (2015, p. 67), o direito reprodutivo, do mesmo modo que outros direitos fundamentais, pode sofrer limitações, mas somente pela tutela de outros interesses e valores comparáveis.

Do mesmo modo, em virtude de não haver um direito absoluto, evidente que a liberdade de pesquisa com células-tronco embrionárias pode sofrer restrições, como a proibição de clonagem humana, a engenharia genética e a comercialização de célula germinal humana, zigoto humano e embrião humano, visto que tais situações transcendem os interesses individuais. No entanto, a fixação de um lapso obrigatório de congelamento constitui uma solução intransigente e redutora das possibilidades de autodeterminação das pessoas no campo da procriação.

Assim, consoante descreve Pietro Perlingieri (2002, p. 54), a intervenção do Estado deve buscar sempre, ao mesmo tempo, fundamento e justificação na realização de interesses existenciais e individuais.

Todavia, as leis se encontram, com frequência, incapazes de acompanhar o dinamismo da vida, embora, consoante conclui Queiroz (2015, p. 71), vetar determinados comportamentos também não seja garantia de um resultado seguro para a liberdade que se deseja amplamente manifestada.

3.5 ENTRE O ARBÍTRIO E A LIMITAÇÃO DOS DIREITOS REPRODUTIVOS E DE LIBERDADE DE PLANEJAMENTO FAMILIAR

O direito ao livre planejamento familiar não figura como mera liberdade, no sentido de contenção à intromissão indevida do Estado, pois depende de ações em termos de políticas públicas que garantam assistência à concepção, por meio do acesso às técnicas e métodos científicos aos indivíduos com problemas de fertilidade, e à contracepção.

Dessa forma, em virtude da garantia de acesso a recursos educacionais e científicos para satisfação dos direitos reprodutivos, estes apresentam natureza de direito fundamental social, enquanto parcela prestacional mínima necessária à garantia da dignidade humana, para o livre desenvolvimento da personalidade.

Na Constituição Federal, alguns direitos fundamentais se relacionam de forma tão íntima com o indivíduo que é quase impossível deixar de notar sua importância para o desenvolvimento pleno da personalidade, como é o caso dos direitos reprodutivos e de liberdade de planejamento familiar. Ambos caminham juntos, como modalidades de exercício da autonomia privada existencial, passível de manifestação inclusive por meio do descarte ou da destinação para pesquisa de embriões excedentários.

Antes, a autonomia da vontade constituía um princípio fundado na liberdade de agir, que protegia os indivíduos contra a interferência ilegítima do Estado, tanto na esfera existencial quanto na esfera patrimonial. Era, por exemplo, responsável por embasar fenômenos da vontade como a constituição e administração da família (FIUZA, 2015, p. 35).

A grande virada ocorreu com a passagem do Estado Liberal para o Estado Social, tendo havido a incorporação de novos valores, como ordem, justiça e liberdade, que passaram a orientar as relações privadas para a realização de uma utilidade social, resultando na correspondência entre liberdade e princípio da autonomia privada, que, como resultado de evolução conceitual, consiste na liberdade de as pessoas disporem sobre suas relações privadas e interesses, respeitados os limites legais, a fim de que se possa construir um Estado livre (FIUZA, 2015, p. 37-44).

Assim, a principal diferença entre autonomia da vontade e autonomia privada é que a primeira possui conotação subjetiva, representando a vontade real do indivíduo, que deveria ser protegida contra a interferência indevida do Estado, enquanto a segunda corresponde ao poder atribuído à pessoa pela lei de estabelecer normas concretas em suas relações privadas e definir o conteúdo dos atos que pratica (FIUZA, 2015, p. 46).

Logo, a atuação do poder conformador estatal sobre os comportamentos individuais é essencial para o exercício da autonomia privada, visto que, na ausência de limites, manifesta-se a autonomia da vontade, conforme típica visão do Estado Liberal, segundo a qual o mercado é capaz de assegurar o bem-estar social, reservando-se ao governo o menor espaço (CLEMENTE; JULIANO, 2017, p. 63).

Segundo Clemente e Juliano (2017, p. 64-65), a tese sustentada por Adam Smith de que o sucesso da economia depende da ausência de intervenção do governo, em *A riqueza das nações* (1776), explica como a busca pelos interesses egoísticos contribui naturalmente para o interesse público, mesmo não sendo este seu objetivo primordial. Assim, os indivíduos devem ser deixados livres nas relações voluntárias e contratuais entre si (*laissez-faire*), pois são capazes de saber o que é melhor para si, prescindindo da autoridade "paternal" do Estado para pautar suas ações.

Na visão liberal clássica, a "mão invisível" do mercado atua como mecanismo de autorregulação, conduzindo naturalmente ao interesse geral, por meio da compensação dos desequilíbrios entre os interesses individuais. Assim, não haveria necessidade de controle do Estado sobre a economia, restringindo-se sua intervenção apenas para certificar a liberdade das operações do mercado, por meio de leis sobre a propriedade e os contratos (CLEMENTE; JULIANO, 2017, p. 65-66).

Sob a inspiração do *laissez-faire* desenvolveu-se a ideia do Estado mínimo, dando-se o primeiro impulso para a globalização, mas, apesar dos avanços alcançados, o *crash* da Bolsa de Nova York, em 1929, com a consequente Grande Depressão dos anos 1930, levou a uma grave crise social mundial, que ocasionou a ruína dos trabalhadores assalariados, o aumento da desigualdade social, o desemprego e condições precárias de trabalho, evidenciando a incapacidade do mercado para assegurar a prosperidade de todos. Para Clemente e Juliano (2017, p. 97-103), foi assim que a Grande Depressão induziu os governos ocidentais a priorizar as questões sociais, além das econômicas, nas políticas de Estado.

Além de ficar assentada a responsabilidade do Estado de assegurar respeito aos direitos e garantias constitucionais das pessoas, que o impedem de agir de forma indiscriminada para atingir seus interesses, do mesmo modo, ao mercado[29] foram reconhecidos deveres de não violação dos direitos fundamentais das pessoas em suas relações privadas.

Por essa razão, interessa saber se a fixação de prazos pode ser considerada uma intromissão arbitrária do Estado, que viola a dignidade do indivíduo, a liberdade de planejamento familiar e os direitos reprodutivos, a pretexto da intenção de conferir certa proteção aos embriões *in vitro*, visto que qualquer modalidade de tutela realizada pelo Estado não se esgota simplesmente em seu objeto, mas deve atentar para todos os direitos, direta ou indiretamente, afetados.

Nesse sentido, o princípio da dignidade da pessoa humana constitui, claramente, um aspecto obrigatório a ser analisado quando da imposição de qualquer limitação aos direitos fundamentais, sobretudo em relação àqueles cada vez mais dependentes do progresso científico nos domínios da biologia e da genética, para serem usufruídos com plenitude, como os do livre planejamento familiar e reprodutivos.

---

29 No julgamento do Recurso Extraordinário n. 201.819, o Supremo Tribunal Federal declarou que os direitos fundamentais assegurados pela Constituição também se impõem aos particulares, no âmbito de suas relações privadas, visto que as violações a direitos fundamentais não ocorrem somente nas relações entre o cidadão e o Estado (BRASIL, 2006).

Diante de todas as possíveis implicações negativas para os direitos fundamentais, e da falta de equivalência do interesse na preservação dos embriões *in vitro*, por tempo determinado, quando em conflito com direitos fundamentais, o reconhecimento da normatividade dos princípios e sua distinção qualitativa em relação às regras, como símbolo do pós-positivismo, resultam na conclusão de que não devem prevalecer leis que violem os direitos reprodutivos e de livre planejamento familiar, tendo em vista sua mais íntima relação com o desenvolvimento da personalidade e da dignidade humana.

Ademais, a tutela protetiva do patrimônio genético, por meio da proibição de engenharia genética e da exclusão do comércio, compatibiliza-se com o exercício dos direitos fundamentais reprodutivos e de liberdade de planejamento familiar, por meio da imediata destinação dos embriões excedentários, para fins de pesquisa científica de células-tronco.

3.6 AS RESTRIÇÕES IMPOSTAS PELA LEI DE BIOSSEGURANÇA E PELA RESOLUÇÃO CFM N. 2.320/2022

Segundo a Lei n. 11.105, de 24 de março de 2005, em seu art. 5º[30], é permitida a utilização de células-tronco obtidas de embriões humanos produzidos por fertilização *in vitro* (FIV) e não utilizados no respectivo procedimento, para fins de pesquisa e terapia, desde que sejam embriões inviáveis, ou viáveis congelados há três anos ou mais.

Do mesmo modo, na esfera médica, a Resolução CFM n. 2.320/2022[31] prevê a utilização em pesquisa dos embriões excedentários inviáveis, que forem diagnosticados com alterações genéticas causadoras

30 Art. 5º É permitida, para fins de pesquisa e terapia, a utilização de células-tronco embrionárias obtidas de embriões humanos produzidos por fertilização *in vitro* e não utilizados no respectivo procedimento, atendidas as seguintes condições: I – sejam embriões inviáveis; ou II – sejam embriões congelados há 3 (três) anos ou mais, na data da publicação desta Lei, ou que, já congelados na data da publicação desta Lei, depois de completarem 3 (três) anos, contados a partir da data de congelamento (BRASIL. Lei n. 11.105, de 24 de março de 2005).

31 V – CRIOPRESERVAÇÃO DE GAMETAS OU EMBRIÕES. 2. O número total de embriões gerados em laboratório será comunicado aos pacientes para que decidam quantos embriões serão transferidos a fresco, conforme determina esta Resolução. Os excedentes viáveis devem ser criopreservados. VI – DIAGNÓSTICO

de doenças, mediante o consentimento informado livre e esclarecido dos pacientes.

É importante, ainda, destacar que a Resolução CFM n. 2.320/2022 superou as diretrizes estabelecidas pela Lei n. 11.105/2005, em virtude de possibilitar tanto a doação para pesquisa quanto o descarte dos embriões gerados em laboratório, mediante vontade expressa dos pacientes.

Apesar de a Lei de Biossegurança (LB) buscar a proteção do embrião, em função do patrimônio genético que ele carrega, percebe-se que esta não é absoluta e tampouco se refere a uma situação jurídica titularizada pelo embrião, já que, ao fim de três anos, admite-se seu uso destinado à pesquisa e terapia, não havendo que se falar em direito fundamental do óvulo fecundado ou embrião *in vitro*, já que se abre espaço para sua instrumentalização.

Dessarte, o prazo de congelamento obrigatório é um aspecto controverso da Lei de Biossegurança, pois vislumbra-se o seguinte problema: caso a criobiologia evolua a ponto de aumentar, qualitativamente, o tempo de congelamento dos embriões, preservando sua morfologia, a lei terá que ser novamente alterada? Com base em qual certeza se afirma que três anos é o prazo mínimo que fundamenta um dever de congelamento? Com a mesma certeza que se afirmou no passado que o congelamento deveria se dar pelo prazo de cinco anos?

Logo, as mudanças operadas no prazo de congelamento obrigatório são fortemente influenciadas pelas respostas que o progresso técnico-científico pode fornecer em determinado momento.

Nesse debate, cabe lembrar a advertência de Norberto Bobbio (2004, p. 163) de que o Estado não pode se colocar no mesmo plano do indivíduo singular, que às vezes é irreflexivo, movido por paixão ou interesse. Pelo contrário, o Estado deve ser reflexivo, racional, e não atuar sob domínio ou influência de emoção, pois adjacente ao privilégio e benefício do monopólio da força que detém há a correlata responsabilidade.

GENÉTICO PRÉ-IMPLANTACIONAL DE EMBRIÕES. 1. As técnicas de reprodução assistida podem ser aplicadas à seleção de embriões submetidos a diagnóstico de alterações genéticas causadoras de doenças, podendo nesses casos ser doados para pesquisa ou descartados, conforme a decisão do(s) paciente(s), devidamente documentada com consentimento informado livre e esclarecido (Resolução CFM n. 2.320/2022).

Bobbio (2004, p. 111-112) também diz que o direito à liberdade de um indivíduo em relação a outros indivíduos se encontra definido no art. 3º da Declaração dos Direitos do Homem, de 26 de agosto de 1789, consistindo no "poder de fazer tudo que não prejudique os outros", de onde deriva a regra subsequente de que "a lei tem o direito de proibir somente as ações nocivas à sociedade".

Assim, quanto à liberdade em relação ao poder do Estado, também chamada negativa, Bobbio (2004, p. 111-112) afirma que vem definida no art. 5º, no sentido de que o indivíduo tem o direito de fazer tudo que não é proibido nem ordenado, ao passo que a positiva está expressa no art. 6º do mesmo documento, no qual foi definido o direito do cidadão de concorrer, pessoalmente, para a formação da vontade geral.

Considerando, pois, que o uso em pesquisa de embriões *in vitro*, antes ou depois do prazo de três anos, não é representativo de qualquer nocividade para a sociedade, além de representar a manifestação de uma liberdade individual, que atenta para a alteridade, falta, portanto, legitimidade às normas que estabelecem o congelamento obrigatório por três anos.

Ademais, mesmo que não fosse admitida a destinação dos embriões viáveis para pesquisa, após três anos não caberia à lei obrigar a mulher a se submeter à implantação destes, sob pena de explícita violação à autodeterminação da paciente, à qual também cabe decidir pela rejeição de uma gravidez que não corresponda a padrões de saúde desejados, como no caso do feto anencéfalo, cuja interrupção da gravidez não constitui crime de aborto, conforme decidiu o STF[32] no julgamento da Arguição de Descumprimento de Preceito Fundamental (ADPF) n. 54 (BRASIL, 2013).

32 Atualmente, o STF (2017) se debruça sobre o julgamento da ADPF 442, ajuizada pelo Partido Socialismo e Liberdade - PSOL, para que seja declarada a não recepção parcial dos arts. 124 e 126 do Código Penal, excluindo de seu âmbito de incidência a interrupção da gestação induzida e voluntária realizada nas primeiras 12 semanas, por serem incompatíveis com a dignidade da pessoa humana e a cidadania das mulheres e a promoção da não discriminação como princípios fundamentais da República, e por violarem direitos fundamentais das mulheres à vida, à liberdade, à integridade física e psicológica, à igualdade de gênero, à proibição de tortura ou tratamento desumano ou degradante, à saúde e ao planejamento familiar.

Nesse âmbito, entende-se que, tendo se configurado, inclusive em nível jurisprudencial, a ampliação do espaço de decisão dos autores do projeto parental decorrente do avanço biotecnológico, aos momentos pré e pós-concepção, exige-se a atuação livre dos cidadãos, com fundamento na autonomia privada.

No entanto, não se deve confundir autonomia privada com direito absoluto, pois nem mesmo o direito à vida goza de tal privilégio, permitindo-se a realização do aborto em algumas situações. Mesmo historicamente, os direitos que um dia foram declarados absolutos, como a propriedade, foram submetidos a limitações nas declarações contemporâneas (BOBBIO, 2004, p. 18).

Norberto Bobbio (2004, p. 41) ressalta que a exceção à regra de que os direitos do homem não são absolutos cabe a pouquíssimos direitos fundamentais, como o direito de não ser escravizado, que acarreta a eliminação do direito de possuir escravos; e o direito de não ser torturado, que implica a eliminação do direito de torturar.

Assim, a limitação a qualquer direito deve observar uma racionalidade, o que não se verifica em relação à obrigação legal de aguardar o prazo de três anos para uso de embriões *in vitro* viáveis em pesquisa e terapia, como se houvesse um pretenso direito à criopreservação, capaz de ser conflitante com a autonomia reprodutiva e com a liberdade de planejamento familiar.

Por outro lado, atende ao critério da racionalidade a limitação orientada à situação subjetiva de doação de embriões excedentários para pesquisa e terapia, uma vez que pautada pelo princípio da solidariedade, funcionando como limitação intrínseca justificável, que não se contrapõe aos direitos subjetivos dos genitores.

Nesse sentido, explica Perlingieri que:

> As situações subjetivas sofrem uma intrínseca limitação pelo conteúdo das cláusulas gerais e especialmente daquelas de ordem pública, de lealdade, de diligência e de boa-fé, que se tornaram expressões gerais do princípio da solidariedade (PERLINGIERI, 2002, p. 122).

Assim, postergar o exercício do direito de liberdade de planejamento familiar em função de um dever de congelamento, sem qualquer vantagem ou proteção para o embrião *in vitro*, como centro de interesses juridicamente relevante, constitui medida arbitrária do Estado, que onera tanto os genitores quanto as clínicas de RA, já que estas, em caso de abandono, são obrigadas a manter congelados os embriões viáveis.

3.7 A TEORIA DAS OBJEÇÕES DE BASES DERIVATIVAS E INDEPENDENTES, SEGUNDO RONALD DWORKIN

Visando propor uma solução jurídica racional à controvérsia presente no debate público sobre a compreensão convencional e pessimista do aborto, Ronald Dworkin (2009, p. 13) esclarece, com fundamento em sua teoria das bases derivativas e independentes, que uma objeção independente prescinde de direito ou interesse particular, assim como não os pressupõe, a exemplo da liberdade dos sujeitos quanto ao planejamento familiar, tida como direito fundamental, que implica o dever do Estado de assegurá-lo; ao passo que a objeção derivativa pressupõe direitos e interesses dos quais derivam outros direitos e interesses.

Assim, para justificar, com base na objeção independente, a proibição do descarte ou uso de embriões em pesquisa e terapia, seria necessário entender que tais condutas violam o direito à vida do embrião, do mesmo modo que é errado matar uma pessoa ou usá-la em experimentos contra a sua vontade, o que não é o caso, pois não há qualquer norma jurídica que busque tal sentido.

Dessa forma, considerando que os embriões *in vitro* não são tratados como uma coisa qualquer, haja vista a proibição de comercialização e sujeição a experimentos de engenharia genética e clonagem, verifica-se que o ordenamento jurídico brasileiro reconhece aos embriões *in vitro* direitos e interesses derivativos do ser humano, sem equipará-los ao ser humano, de modo que não fica obstado o uso deles em pesquisa e terapia de células-tronco.

Depreende-se, pois, que o fato de o embrião *in vitro* não ser pessoa não implica a não proteção, já que é considerado um objeto de direito merecedor de tutela, por não ser mera coisa, mas sim um centro de imputação jurídica, em virtude da derivação de interesses relativos à preservação do patrimônio genético humano.

Assim, o embrião *in vitro* é, portanto, uma coisa que traz algum significado por sua carga genética, importando na possibilidade de manutenção de espécie, o que leva a sua classificação como objeto de direito fora do comércio.

Da mesma maneira, a corrente que defende ser um animal um objeto, e não um sujeito de direito, visa à proteção desse animal, independentemente de ser ele pessoa, dentro da ideia de que os direitos não são absolutos, e de que é possível haver situações jurídicas destituídas de sujeito ou titular.

Com isso, afirma-se que a liberdade reprodutiva não depende de nenhum pressuposto sobre os direitos e interesses de um embrião, visto que este é suficientemente protegido pelas normas que proíbem sua comercialização, engenharia genética e clonagem humana.

Há, portanto, um déficit de legitimidade da norma legal que fixa o prazo obrigatório de três anos de congelamento para uso de embriões *in vitro* viáveis em pesquisa e terapia, em detrimento da capacidade decisória dos sujeitos, como se estivessem na menoridade, sem condições suficientes de deliberar sobre o próprio planejamento familiar.

Assim, em análise à teoria das bases derivativas e independentes, conclui-se que tanto a Resolução CFM n. 2.320/2022 quanto a Lei de Biossegurança baseiam-se, equivocadamente, em razões "independentes", porquanto desprezam o fato de que os sujeitos são a origem de onde derivam os interesses de proteção dos embriões *in vitro* e, portanto, têm, por precedência, o direito de decidir, a qualquer tempo, pela destinação dos embriões não utilizados no procedimento de RA.

Em tal sentido, Queiroz (2015, p. 143) argumenta que o embrião de per si não se encontra ainda em condições de autossustentabilidade e determinação, sendo sua vida dependente e condicionada a fatores e vontades externos, daí por que não é possível evocar uma equiparação de tutela para com o ser humano já nascido, sob pena de levar a contradição evidente, geradora de conflitos sem uma transparente solução.

Do mesmo modo, em favor do embrião já fixado no útero, chamado de nascituro, também é assegurada a tutela, com base em razões derivativas, consoante dispõe o Código Civil, que põe a salvo alguns direitos. Mesmo assim, verifica-se que tal proteção também não é absoluta e equiparável à do ser humano, pois, a depender de certas circunstâncias (anencefalia, gravidez resultante de estupro, ou de risco para a gestante), fica autorizado o extermínio do nascituro, não como pessoa, mas como centro de imputação jurídica destituído de titular.

No rol dos argumentos contrários ao dever de congelamento, identifica-se, ainda, a liberdade religiosa, primeiro direito de liberdade afirmado historicamente nas origens do Estado moderno, pois, tanto na avaliação sobre o destino dos embriões excedentários quanto sobre a opção pelo aborto legal, cabe aos sujeitos tomar a decisão, não como imposição, mas sim como liberdade amparada em convicções pessoais, sejam elas espirituais ou científicas, uma vez respeitados normas e princípios constitucionais.

Por esse motivo, os sujeitos devem ter assegurada a liberdade de decisão em matéria de suas decisões reprodutivas, respeitados os valores acolhidos pelo ordenamento jurídico, do mesmo modo que têm direito a escolher a religião que desejam professar, como decorrência de um Estado laico.

Esse entendimento ficou estabelecido no caso *Roe contra Wade*[33], no qual a Suprema Corte estadunidense declarou inconstitucional, por maioria de sete votos a dois, a legislação do Estado do Texas que criminalizava o aborto, sobretudo quando praticado para salvar a vida da mãe, bem como declarou que seria inconstitucional qualquer lei estadual que protegesse o feto antes do sétimo mês de gravidez, ou seja, a proibição do aborto só poderia ocorrer a partir do terceiro trimestre (DWORKIN, 2009, p. 7).

O modo como a interrupção da gestação, durante o primeiro trimestre, é tratada nos Estados Unidos foi objeto de referência em julgamento realizado pela Primeira Turma do Supremo Tribunal Federal, no sentido de que a criminalização da conduta da gestante nessa hipótese violaria diversos direitos fundamentais sexuais e reprodutivos da mulher, bem como o princípio da proporcionalidade, por gerar custos sociais (problemas de saúde pública e mortes) superiores aos seus benefícios (BRASIL, 2016).

Segundo Dworkin (2009, p. 145), a Corte Suprema dos Estados Unidos usou a expressão *razão inexorável*, durante o julgamento do caso *Roe contra Wade*, para estabelecer que os estados não poderiam limitar a liberdade das pessoas por mero capricho, mas somente com base em

---

33 Em 24 de junho de 2022, a Suprema Corte dos Estados Unidos da América reverteu o julgado *Roe v. Wade*, eliminando o direito constitucional ao aborto.

uma razão muito poderosa como justificativa para qualquer restrição ao direito de liberdade. É essa razão inexorável que falta ao Estado ao fixar o dever de congelamento de três anos, já que se sabe que não foi reconhecido ao embrião *in vitro* o mesmo valor intrínseco reconhecido ao nascituro, e, menos ainda, às pessoas, que, caso existente, seria arguido para impedir seu uso em pesquisa e terapia.

Dessarte, deve ser fortalecida a autonomia procriadora, que decorre do art. 226, § 7º, da Constituição, e, como decorrência lógica, a viabilidade do embrião excedentário não deve impedir o exercício do direito de livre planejamento familiar, uma vez que o período mínimo de três anos de congelamento tem como premissa um dado que não é seguro, nem definitivo, do ponto de vista científico, à vista da possibilidade concreta de nascimento de embriões *in vitro* congelados há mais de três anos (HONDERICH, 2020), nem do ponto de vista jurídico, eis que ausentes interesses autônomos do embrião *in vitro*.

Sob essa análise, importa registrar a conclusão de Queiroz (2015, p. 54) sobre os limites à liberdade de planejamento familiar, ao afirmar que "A liberdade de atuação familiar, reconhecida como unidade social fundamental, encontra-se limitada pelos direitos humanos fundamentais dos indivíduos que a compõem".

Dessa forma, compreende-se que os sujeitos não devem se curvar à vontade estatal, que fixa o prazo de três anos de congelamento obrigatório para os embriões viáveis, porque a decisão em matéria reprodutiva é, de fato, uma liberdade básica garantida na Constituição Federal como direito fundamental, fundado na livre expressão da personalidade individual, contra a qual o Estado não deve se colocar sem uma razão inexorável, consoante o preceito do art. 5º, X, da Constituição, que declara "invioláveis a intimidade, a vida privada", sem que se admitam interferências externas.

Nesse sentido, esclarece Juliane Fernandes Queiroz (2015, p. 44): "Busca-se, no canal da autonomia privada, o equilíbrio entre relevância jurídica e escolha individual que permita o exercício da autorresponsabilidade sem incidir em um modelo de família com padrões e contornos preestabelecidos".

No mesmo sentido, o art. 1.513 do Código Civil proíbe a interferência na comunhão da vida familiar por qualquer pessoa, de direito público ou privado, com base na qual resta caracterizada como intromissão paternalista a disposição legal que estabelece o dever de congelamento de embriões viáveis por três anos.

Dito de outra maneira, o Estado ou qualquer instituição científica não deve ditar a moral privada de nenhum indivíduo a serviço de qualquer visão dogmática, pois, segundo Dworkin (2009, p. 172), uma das precondições da democracia legítima exige que os cidadãos sejam tratados igualmente, e tenham respeitadas suas liberdades fundamentais e sua dignidade, inclusive sob a perspectiva da discordância moral.

Não fosse isso bastante, os sujeitos, homens e mulheres, têm, no âmbito do planejamento familiar, o direito constitucional específico de controlar o próprio papel na procriação, o qual, consequentemente, prevalece sobre o dever rival de manter o embrião viável congelado por três anos.

Portanto, o legislador não possui uma justificativa legítima para restringir os interesses de pessoas livres em matéria reprodutiva, que têm responsabilidade sobre suas escolhas no âmbito do planejamento familiar, a pretexto de tutelar formas de vida que não são pessoas, e que já se encontram suficientemente protegidas.

Capítulo 4

O DIREITO À LIBERDADE DE PLANEJAMENTO FAMILIAR EM FACE DA VIABILIDADE TÉCNICA DO EMBRIÃO

4.1 VIÁVEL OU INVIÁVEL?

A Lei de Biossegurança prevê o dever de congelamento, pelo prazo de três anos, contados da publicação da lei, ou da data do congelamento, ao término do qual fica autorizada a utilização em pesquisa e terapia; e, para o embrião inviável, a utilização em pesquisa e terapia pode ser imediata, sem depender de qualquer prazo.

Segundo o Decreto n. 5.591, de 22 de novembro de 2005, que regulamentou da Lei de Biossegurança, embriões inviáveis são aqueles com alterações genéticas comprovadas por diagnóstico pré-implantacional, que tiveram seu desenvolvimento interrompido por ausência espontânea de clivagem[34], após um período superior a 24 horas, a partir da fertilização *in vitro* (FIV), ou com alterações morfológicas que comprometam seu pleno desenvolvimento (art. 3º, XIII).

No entanto, não estão claros os critérios considerados na classificação de um embrião como inviável, bem como o momento em que a viabilidade do embrião pode ser aferida.

A fim de estabelecer quais características definem um embrião como inviável, visando à doação para pesquisas e terapias de células-tronco, Donadio *et al.* (2005, p. 665-666), em artigo científico publicado na *Revista Brasileira de Ginecologia e Obstetrícia*, afirmam que mesmo embriões de baixos escores morfológicos não podem ser considerados inviáveis, porquanto o conceito de inviabilidade não seria diretamente

---

[34] Também denominada segmentação, a clivagem consiste na série de divisões por que passa o zigoto até resultar na formação das primeiras células embrionárias, denominadas blastômeros.

do embrião, mas sim da inviabilidade da obtenção da gestação viável, e porque a baixa frequência de o embrião promover uma gestação não significa a total impossibilidade desta.

Desse modo, para Donadio *et al.* (2005, p. 666-669), surgem então dois raciocínios: a inviabilidade genética, caracterizada por alterações do embrião incompatíveis com elevado risco para a vida; e a inviabilidade evolutiva, em que a transferência uterina do embrião não resultaria em gravidez.

Afirmam, ainda, Donadio *et al.* (2005, p. 666-669) que, baseando-se em critérios morfológicos, como tempo de clivagem, fragmentação e aspectos citosplasmáticos, quanto pior a morfologia, menores as chances de implantação e gravidez. Porém, mesmo aqueles embriões com pior morfologia ou maior fragmentação e assimetria podem levar à gestação com nascimento, a despeito de serem maiores as chances de perdas gestacionais.

Ainda de acordo com Donadio *et al.* (2005, p. 669-670), o congelamento promoveria uma redução nas taxas de implantação quando comparadas aos embriões frescos de mesma qualidade, devido a constantes perdas de blastômeros no processamento, fazendo com que alguns embriões viáveis se tornem inviáveis até mesmo para pesquisas, pois dificilmente, após a crioconservação, atingiriam o estágio de blastocisto, impossibilitando o desenvolvimento de massa celular interna para obtenção de células totipotentes.

Donadio *et al.* mencionam um trabalho publicado em 2003 por Hoffman *et al.* (2003 *apud* DONADIO *et al.*, 2005, p. 670), que se baseou em levantamento junto a todos os centros de reprodução assistida (RA) dos Estados Unidos, resultando na observação de 400 mil embriões congelados há três anos ou mais naquele país, dos quais apenas 2,8% eram viáveis para doação, perfazendo um total de 11 mil.

Assim, Donadio *et al.* (2005, p. 670) concluem que o congelamento de embriões supranumerários deve ser evitado a todo custo, pois a criopreservação dos viáveis mostra uma taxa de gravidez irrisória após o descongelamento, motivo pelo qual se justifica a imediata destinação para fins de pesquisa de células-tronco, condicionada à aprovação pelo conselho de ética e pesquisa, e ao consentimento livre e esclarecido do casal.

Assim, o congelamento de embriões visando à manutenção da potencialidade de vida produz o efeito contrário, já que, com o passar do tempo, as chances de uma FIV resultar em gravidez e do uso eficaz em pesquisas são drasticamente reduzidas, além das possíveis perdas embrionárias.

Contrariamente, Raquel de Lima Leite Soares Alvarenga (*In*: ROMEO-CASABONA; QUEIROZ, 2004, p. 241) afirma que a perspectiva do congelamento de embriões por tempo prolongado vem rompendo barreiras, no sentido de que a estrutura e a funcionalidade de células e tecidos congelados, mediante eficientes métodos, não são afetadas, ou são pouco afetadas.

A despeito da celeuma sobre os benefícios da criopreservação, há, como visto no Decreto n. 5.591/2005, dois tipos de embriões inviáveis: aqueles com patologias genéticas, que podem servir ao implante ou à pesquisa; e os inviáveis, por ausência de clivagem, inservíveis tanto para o implante quanto para a pesquisa.

Contudo, nem a Lei n. 11.105, de 24 de março de 2005 ou o Decreto n. 5.591/2005 descrevem quais alterações genéticas ou morfológicas configuram a chamada inviabilidade do embrião, concernente a padrões mínimos de qualidade de vida digna.

Em crítica feita acerca da impropriedade conceitual da expressão "embriões inviáveis", entende Arthur Magno e Silva Guerra que:

> A inviabilidade de um embrião, biologicamente, não pode ser comprovada, sem a sua necessária implementação no meio próprio de seu desenvolvimento, qual seja, o útero (materno). Afora dessa hipótese, não existem mecanismos capazes de se determinar com absoluta certeza biológica que aquela estrutura seja mesmo inviável.
>
> Talvez, possa não formar um indivíduo "perfeito", o que levaria a reflexões acerca da eugenia e do determinismo biológico. Mas aquela individualidade plúrima de células possui viabilidade, isso é algo que a razão humana científica não é capaz de definir, assim como não se tem a real certeza em quaisquer verificações da ciência biológica (GUERRA, 2015, p. 134).

Afora a incerteza sobre a capacidade de o embrião *in vitro* se desenvolver até se tornar um ser humano, por ausência espontânea de clivagem após 24 horas, é também questionável a categorização de embriões portadores de alguma anomalia genética como inviáveis, eis que eles podem resultar em um indivíduo que nascerá com algumas patologias, mas que, ainda assim, será completo.

Além disso, por se tratar de um conceito jurídico indeterminado, em função de apresentar a imprecisão de seu campo de referência objetiva, deve-se, sob pena de incorrer em interpretação inconstitucional, conferir à expressão viável um sentido capaz de assegurar a plena efetividade dos direitos fundamentais reprodutivos e de livre planejamento familiar, afigurando-se, portanto, adequado relacioná-la à obtenção da gestação viável, independentemente de o embrião ser portador de anomalia genética, visto que a decisão acerca da transferência caberá sempre aos genitores, de forma livre e esclarecida.

Por outro lado, nota-se que os conceitos reducionistas de viabilidade utilizados pela Lei de Biossegurança se aproximam, em certa medida, do entendimento de que os homens se unem em sociedade não apenas para viver, mas para viver bem.

Todavia, compreende-se que viver bem ou ter uma vida digna não é um conceito simples; pelo contrário, é influenciado pelo sistema de crenças e valores individuais, dentro de um contexto plural e democrático que decorre da construção histórico-social de cada pessoa. Não cabe ao Estado imiscuir-se em tais assuntos, determinando ao indivíduo o que é considerado digno, em que pese tal premissa não afastar o dever estatal de repulsa a comportamentos ilícitos.

Nossas crenças podem, por exemplo, justificar o aborto em caso de estupro e na situação de anencefalia, conforme decidido pelo STF na Ação Direta de Inconstitucionalidade (ADI) n. 3.510: no primeiro caso, para não destruir a vida da mãe que se recusa a engravidar de seu agressor; e, no segundo, pela necessidade moral de não trazer ao mundo uma criança que terá uma vida terrivelmente breve, com a consequente perda de todos os investimentos pessoais e emocionais realizados pelos genitores.

Mas lembre-se de que a decisão sobre a interrupção da gravidez cabe exclusivamente à genitora, que não pode ser obrigada a abortar nas situações acima descritas.

Desse modo, será que é possível atrelar a viabilidade do embrião às condições de uma vida satisfatória, desconsiderando toda uma gama de concepções diferentes do que se entende por vida digna? E pressupor a existência de determinadas condições de vida digna, a partir do *status* biológico, implica o dever de manter congelados embriões produzidos por FIV?

Compreende-se que a mera possibilidade biológica de uma vida digna não assegura um direito correspondente ao dever de congelamento, porque, ainda que se tenha o embrião como objeto de tutela jurídica, o fato de ser congelado não implica proteção, haja vista os riscos de deterioração, além do fato de continuar sendo possível tanto o descarte quanto o uso em pesquisa e terapia.

Na linha do que foi dito acerca do *status* jurídico do embrião *in vitro*, é possível falar em proteção ou tutela limitada, em função de seu tratamento jurídico como coisa fora do comércio e da proibição da sujeição à clonagem e engenharia genética, tendo em vista a existência de interesses difusos sobre o patrimônio genético.

De um jeito ou de outro, os genitores figuram como únicos beneficiários do prazo de ponderação sobre o destino de seus embriões congelados, uma vez que a criopreservação não é nem propícia à obtenção de células totipotentes, e menos ainda benéfica aos embriões.

Namba (2015, p. 60) aponta que existe uma contradição na ausência de um fundamento para a fixação do lapso temporal de três anos como prazo obrigatório de congelamento dos embriões viáveis, tanto no campo jurídico quanto no científico.

Por outro lado, a exclusão legal do comércio e a proibição de intervenções de engenharia genética e clonagem sobre os embriões *in vitro* oferecem proteção tanto para estes quanto para a sociedade, resguardando o patrimônio genético dos indivíduos e das gerações futuras.

Em síntese, a categorização de embriões excedentários em viáveis ou inviáveis, além de constituir medida eugênica, impede, no plano individual, o pleno exercício da liberdade de planejamento familiar e dos direitos reprodutivos, sendo desnecessária a imposição do prazo obrigatório de reflexão de três anos, ante as desvantagens da criopreservação, em comparação aos benefícios sociais do progresso científico.

4.2 O CRITÉRIO BIOLÓGICO PERANTE O DEVER DE COERÊNCIA DO ORDENAMENTO JURÍDICO

Carlo Casonato (2006 *apud* ORSELLI, 2016, p. 108) considera fundamental a observância do princípio da não contradição para a sobrevivência de um ordenamento jurídico, inclusive como um dos critérios a serem usados para avaliar o biodireito, no sentido de que deve ser feita uma avaliação interna das relações de coerência e incoerência entre as normas jurídicas, para que se perceba uma linha condutora coerente.

Isso importa sobretudo quando certas limitações impostas pelo Estado interferem em direitos fundamentais dos indivíduos, como é o caso da insuficiente justificativa apresentada pelo Estado para impor aos genitores o dever de criopreservar seus embriões excedentários viáveis. Falta em tal regra coerência em relação à possibilidade de uso posterior em pesquisa e terapia de células-tronco, bem como diante das incertezas referentes aos benefícios da criopreservação e quantos aos critérios adotados para a definição do prazo de três anos.

Diante do exposto, constata-se que não há a necessária coerência em relação ao conceito de viabilidade dos embriões *in vitro*, haja vista a inexistência de critérios médicos e científicos claros sobre o que se entende por viabilidade embrionária e acerca dos benefícios envolvendo a criopreservação daqueles que, como se sabe, sofrem séria deterioração após o congelamento.

Não fosse isso bastante, deve-se ter em conta que, do ponto de vista liberal, o Estado não deve intervir para gerenciar, exclusivamente, sob o viés moralista, o destino de embriões excedentários, sem levar em consideração a autonomia privada dos indivíduos, regulando questões que devem ser decididas no âmbito do planejamento familiar.

Isso porque, se à vida intrauterina não foi conferida proteção absoluta pela Constituição Federal, constatadas determinadas alterações morfológicas, o que se dirá da vida embrionária *in vitro*, à qual não se atribui proteção equivalente à do nascituro?

Dessa maneira, conclui-se que o obstáculo temporal adotado pela Lei de Biossegurança (LB) como caminho para racionalizar as possibilidades de uso dos embriões *in vitro* consiste em justificativa eugenética, porquanto elege categorias indignas de reconhecimento de tutela estatal.

Há, ainda, que se ter em mente que a vida inviável, marcada por um efeito deletério sobre a qualidade de vida, também pode ocorrer por deficiências físicas, sequelas decorrentes de acidentes, falta de educação ou de oportunidades, e até mesmo por fatores ambientais, os quais também são aplicáveis aos embriões viáveis, que podem sofrer degradação durante o processo de congelamento. Como exemplo, em 1941, descobriu-se que o vírus da rubéola poderia afetar gravemente o desenvolvimento fetal (SALDANHA, 2015, p. 85).

E não se olvide o risco, segundo Sandel (2013, p. 27-43), de um estatuto do melhoramento, preocupado com a qualidade biológica dos embriões *in vitro,* aferível pela técnica do diagnóstico genético pré-implantatório (DGPI), criar duas classes de seres humanos – aqueles com acesso às tecnologias de melhoramento genético e aqueles sem. Avaliar quais são as excelências naturais necessárias para categorizar um embrião *in vitro* como viável é uma tarefa complexa sob o ponto de vista moral, pois exige um *telos* ou sentido da vida embrionária, isto é, saber quais virtudes ou condições biológicas são relevantes para determinar se o embrião é ou não viável à implantação, sem desmerecer concepções divergentes de vida digna, como a do casal de lésbicas Sharon Duchesneau e Candy McCullough, que consideravam a surdez um traço de identidade cultural e não uma deficiência a ser curada, conforme registra Sandel (2013, p. 15).

A despeito disso, no Brasil, tanto embriões viáveis quanto inviáveis, com potencialidade de vida, podem ser objeto de investigações científicas, como assinala o art. 5º, I e II, da LB, ou também descartados, conforme faculta a Resolução n. 2.320/2022 (VI-I) do Conselho Federal de Medicina (CFM).

Não é, portanto, plausível condicionar a decisão sobre o direito reprodutivo dos sujeitos de procriar ou não à condição biológica de viabilidade do referido embrião excedentário, sobretudo porque o estabelecimento pelo Estado da obrigação de preservar a vida biológica do embrião *in vitro* como valor abstrato constitui uma restrição indevida sobre a autonomia do sujeito moral para decidir questões existenciais relativas a seu planejamento familiar, já que a moral não tem sempre uma resposta clara a oferecer, como assevera Hart (2009, p. 264).

Some-se a isso o fato de que o dever legal de manter embriões viáveis congelados por três anos penaliza quem não tem condições econômicas de assumir tal ônus financeiro, restringindo, de forma indireta, o acesso de inúmeras pessoas, que, em virtude do alto investimento, evitam o tratamento de FIV, pelo risco de serem obrigadas a custear a realização de um possível congelamento em clínicas de reprodução assistida.

Ademais, mesmo que se assegure certo grau de proteção aos embriões excedentários, em razão de serem reconhecidos como bens jurídicos de interesse para a sociedade ou centros de imputação normativa, não se legitimam restrições sobre liberdades dos genitores, que, na prática, incorrem em determinismo biológico da prole impedida de nascer, em decorrência de determinadas patologias.

Desse modo, cabe aos genitores, com exclusividade, o direito de decidir não procriar em determinadas condições biológicas, em virtude da ausência de um dever de abortar.

Capítulo 5

A LEI DE BIOSSEGURANÇA E A RESOLUÇÃO CFM N. 2.320/2022

A Lei n. 8.974, de 5 de janeiro de 1995, foi a primeira norma biojurídica a tratar da manipulação dos embriões e da intervenção em material genético humano *in vivo*, tendo vigorado por dez anos, até sua revogação pela Lei n. 11.105, de 24 de março de 2005 (Lei de Biossegurança – LB).

Foram estabelecidas pela Lei n. 8.974/95 diretrizes para o uso das técnicas de engenharia genética e para a liberação no meio ambiente de organismos geneticamente modificados (OGM), proibindo-se, contudo, a produção, armazenamento ou manipulação de embriões humanos, de células germinais humanas ou de material genético humano *in vivo* destinados a servir como material biológico disponível. A única exceção legal à vedação de manipulação de embriões humanos, de células germinais humanas ou de material genético humano *in vivo* consistiu no tratamento médico de defeitos genéticos, desde que respeitados os princípios bioéticos, mediante aprovação prévia da Comissão Técnica Nacional de Biossegurança (CTNBio).

A atual Lei n. 11.105/2005 (LB) também regulamentou a atividade que envolve organismos geneticamente modificados, bem como autorizou a pesquisa com células-tronco embrionárias obtidas de embriões humanos produzidos por fertilização *in vitro* (FIV). Entretanto, pela Lei n. 11.105/2005 foi proibida a realização de qualquer forma de engenharia genética em célula germinal, zigoto e embrião humanos, bem como a comercialização de células-tronco embrionárias obtidas de embriões humanos produzidos por FIV e não utilizados no respectivo procedimento, cuja prática configura o crime tipificado no art. 15 da Lei n. 9.434, de 4 de fevereiro de 1997 (art. 5º, § 3º, da LB), que trata da doação e do transplante de órgãos, tecidos e partes do corpo humano.

Em síntese, a Lei de Biossegurança proibiu a manipulação em célula germinal, zigoto e embrião humanos com a finalidade de melhoramento genético, mas não proibiu a utilização das células-tronco embrionárias em pesquisa e terapia voltada ao tratamento e cura de enfermidades.

Segundo Orselli (2016, p. 285), perdeu-se a oportunidade de criar uma regulamentação mais abrangente sobre a aplicação das técnicas de reprodução assistida (RA), visto que, nessa matéria, a Lei de Biossegurança apenas cuidou do uso de células-tronco embrionárias e da destinação dos embriões excedentários produzidos por FIV.

Ainda de acordo com o art. 5º, § 2º, da LB, para realização de pesquisa ou terapia com células-tronco embrionárias humanas, as instituições de pesquisa e serviços de saúde deverão submeter seus projetos à apreciação e aprovação dos respectivos comitês[35] de ética em pesquisa (art. 5º, § 2º, da LB), sendo sempre necessário o consentimento dos genitores (art. 5º, § 1º, da LB).

Em que pese a importância das balizas fixadas pela Lei n. 11.105/2005, verifica-se um enorme vazio legal acerca de diversos temas relacionados à aplicação das biotecnologias de reprodução assistida, servindo os códigos deontológicos como fontes secundárias do Direito, muito além de apenas orientar os profissionais da saúde (ORSELLI, 2016, p. 88).

Desse modo, as situações jurídicas que não foram regulamentadas pela LB, como as decorrentes da cessão temporária de útero e gestação compartilhada, vêm sendo disciplinadas pelo Conselho Federal de Medicina (CFM) desde 1992, até a atual Resolução n. 2.320/2022, a fim de conciliar os interesses envolvidos, no campo da biotecnologia, a partir de uma racionalidade deontológica dirigida aos médicos.

---

[35] A apreciação e a aprovação dos projetos de pesquisa ou terapia com células germinais humanas passaram a ser de competência dos comitês de ética das instituições pesquisadoras interessadas, e não mais da Comissão Técnica Nacional de Biossegurança (CTNBio).

A Resolução CFM n. 2.320/2022 adota normas éticas e princípios gerais aplicáveis aos médicos, pacientes, clínicas e demais estabelecimentos prestadores de serviços médicos que utilizam as técnicas de RA em território nacional, regulamentando, ainda, a doação e a criopreservação de gametas e embriões, a aplicação do DGPI, a gestação de substituição e a reprodução assistida *post mortem*.

O primeiro dispositivo deontológico a fixar normas éticas para a utilização das técnicas de reprodução assistida foi a Resolução CFM n. 1.358/92. Posteriormente, foram editadas, em ordem cronológica, a Resolução CFM n. 1.957/2010, a Resolução CFM n. 2.013/2013, a Resolução CFM n. 2.121/2015, a Resolução CFM n. 2.168/2017, a Resolução CFM n. 2.294/2021 e a atual Resolução CFM n. 2.320/2022.

O CFM atua, portanto, na condição de autarquia com *status* de órgão supervisor da ética profissional (BRASIL, 1957), estabelecendo critérios deontológicos para orientar médicos na atuação profissional. Todavia, apesar de serem fundamentais os limites éticos estabelecidos para o uso responsável das biotecnologias em matéria de reprodução humana, percebem-se claras interferências dos dispositivos deontológicos sobre a autonomia reprodutiva dos sujeitos.

5.1 DIRETRIZES ÉTICAS PARA UTILIZAÇÃO DE EMBRIÕES EXCEDENTÁRIOS

A Resolução CFM n. 2.320/2022 prevê que o tempo máximo de desenvolvimento de embriões *in vitro* será de até 14 dias[36], cabendo aos pacientes decidir quantos serão transferidos a fresco, de acordo com a idade, e sobre o que será feito dos criopreservados não utilizados em caso de divórcio, dissolução de união estável ou falecimento de um ou ambos os pacientes. É vedada a doação de gametas ou embriões com caráter lucrativo ou comercial[37].

---

36 VI – DIAGNÓSTICO GENÉTICO PRÉ-IMPLANTACIONAL DE EMBRIÕES (Resolução CFM n. 2.320/2022). [...] 3. O tempo máximo de desenvolvimento de embriões *in vitro* será de até 14 dias.

37 IV – DOAÇÃO DE GAMETAS OU EMBRIÕES. [...] 1. A doação não poderá ter caráter lucrativo ou comercial (Resolução CFM n. 2.320/2022).

Os excedentes viáveis devem ser criopreservados[38], e só poderão ser descartados ou utilizados em pesquisa, se detectadas alterações genéticas causadoras de doenças, de acordo com a vontade expressa dos pacientes.

Desse modo, os embriões *in vitro* diagnosticados com alterações genéticas causadoras de doenças são denominados inviáveis, podendo ser doados para pesquisa ou descartados, conforme decisão livre e esclarecida do(s) paciente(s)[39].

Logo, o uso da técnica do DGPI de embriões é admitido apenas para fins de seleção daqueles não portadores de alterações genéticas causadoras de doenças, consagrando uma prática de eugenia negativa voltada à eliminação de traços genéticos indesejáveis.

A resolução permite, ainda, de forma expressa, a realização de terapia consistente na realização da tipagem do Antígeno Leucocitário Humano (HLA) do embrião, no intuito de selecionar embriões HLA-compatíveis com algum irmão já afetado por doença cujo tratamento seja o transplante de células-tronco, de acordo com a legislação vigente.

Como não havia qualquer regulamentação legal, assim como ainda não há, o Conselho Federal de Medicina estabeleceu diretrizes éticas, para atuação do médico, em tratamentos de reprodução humana assistida, a começar pela Resolução CFM n. 1.358/92[40], que proibia o descarte

---

38 V – CRIOPRESERVAÇÃO DE GAMETAS OU EMBRIÕES. [...] 2. O número total de embriões gerados em laboratório será comunicado aos pacientes para que decidam quantos embriões serão transferidos a fresco, conforme determina esta Resolução. Os excedentes viáveis devem ser criopreservados. (Resolução CFM n. 2.320/2022).

39 V – CRIOPRESERVAÇÃO DE GAMETAS OU EMBRIÕES. [...] 2. O número total de embriões gerados em laboratório será comunicado aos pacientes para que decidam quantos embriões serão transferidos a fresco, conforme determina esta Resolução. Os excedentes, viáveis, devem ser criopreservados (Resolução CFM n. 2.320/2022).

40 V – CRIOPRESERVAÇÃO DE GAMETAS OU PRÉ-EMBRIÕES. [...] 2 – O número total de pré-embriões produzidos em laboratório será comunicado aos pacientes, para que se decida quantos pré-embriões serão transferidos a fresco, devendo o excedente ser criopreservado, *não podendo ser descartado ou destruído* (grifo nosso) (Resolução CFM n. 1.358/92).

de embriões, sem distinção quanto à viabilidade. Já a Resolução CFM n. 1.957/2010[41] passou a estabelecer que os excedentes viáveis deveriam ser criopreservados, sem definir um prazo mínimo de congelamento. As Resoluções CFM n. 2.013/2013[42] e n. 2.121/2015[43] fixaram um prazo de congelamento obrigatório de cinco anos para descarte ou uso em pesquisa dos viáveis, que, posteriormente, foi reduzido para três anos pela Resolução CFM n. 2.168/2017[44]. A subsequente Resolução CFM n. 2.294/2021 manteve o mesmo prazo de três anos de congelamento obrigatório. Já a atual Resolução CFM n. 2.320/2022 prescreve o dever de congelar os excedentes viáveis, sem mencionar o prazo de 3 anos[45], ora previsto na Lei n. 11.105/2005.

---

41 V – CRIOPRESERVAÇÃO DE GAMETAS OU EMBRIÕES. 1 – As clínicas, centros ou serviços podem criopreservar espermatozoides, óvulos e embriões. 2 – *Do número total de embriões produzidos em laboratório, os excedentes, viáveis, serão criopreservados* (grifo nosso) (Resolução CFM n. 1.957/2010).

42 V – CRIOPRESERVAÇÃO DE GAMETAS OU EMBRIÕES. [...] 2 – O número total de embriões produzidos em laboratório será comunicado aos pacientes, para que decidam quantos embriões serão transferidos a fresco, devendo os excedentes, viáveis, serem criopreservados. [...] 4 – *Os embriões criopreservados com mais de 5 (cinco) anos poderão ser descartados se esta for a vontade dos pacientes, e não apenas para pesquisas de células-tronco, conforme previsto na Lei de Biossegurança* (grifo nosso) (Resolução CFM n. 2.013/2013).

43 V – CRIOPRESERVAÇÃO DE GAMETAS OU EMBRIÕES. [...] 2 – O número total de embriões gerados em laboratório será comunicado aos pacientes para que decidam quantos embriões serão transferidos a fresco. Os excedentes, viáveis, devem ser criopreservados. [...] 4 – *Os embriões criopreservados com mais de cinco anos poderão ser descartados se esta for a vontade dos pacientes.* A utilização dos embriões em pesquisas de células-tronco não é obrigatória, conforme previsto na Lei de Biossegurança (grifo nosso) (Resolução CFM n. 2.121/2015).

44 V – CRIOPRESERVAÇÃO DE GAMETAS OU EMBRIÕES. [...] 2. O número total de embriões gerados em laboratório será comunicado aos pacientes para que decidam quantos embriões serão transferidos a fresco, conforme determina esta Resolução. Os excedentes, viáveis, devem ser criopreservados. [...] 4. *Os embriões criopreservados com três anos ou mais poderão ser descartados se esta for a vontade expressados pacientes* (grifo nosso) (Resolução CFM n. 2.168/2017).

45 Ao não definir um prazo obrigatório de criopreservação, conclui-se que a Resolução CFM n. 2.320/2022 aderiu ao prazo de 3 anos previsto no art. 5º, II, da Lei n. 11.105/2005.

5.2 CRÍTICA AO DEVER ÉTICO DE CONGELAMENTO DOS EMBRIÕES EXCEDENTÁRIOS

Em relação aos embriões excedentários, são percebidos dois pontos em comum na maioria dos dispositivos deontológicos: a proibição de comercialização e um dever de congelamento dos viáveis.

Com relação ao dever de congelamento obrigatório, a resolução presume que os embriões *in vitro* permanecerão viáveis, com a criopreservação, de modo que apenas aqueles submetidos a diagnóstico de alterações genéticas causadoras de doenças podem ser doados para pesquisa ou descartados.

Nesse debate, há quem defenda que a evolução da criobiologia, ciência que estuda os processos de congelamento de células e tecidos, afasta a certeza sobre a inviabilidade do embrião criopreservado (EMBRIÃO, 2008), e quem, como Donadio *et al.* (2005, p. 670), critique o congelamento de embriões viáveis supranumerários, alegando uma taxa de gravidez irrisória após o descongelamento, com base na perda gradativa da viabilidade ou taxa de sobrevida, até atingir-se um estágio crítico.

A despeito disso, a crítica quanto à legitimidade do dever de congelamento obrigatório, não significa um óbice à regulamentação pelo Conselho Federal de Medicina (CFM) de questões bioéticas, enquanto *partner* do processo de interpretação constitucional, tampouco diminui a necessidade de uma adequada regulamentação pelo Estado de tais matérias.

Todavia, muito além da questão referente aos benefícios do congelamento, impõe-se que os direitos fundamentais reprodutivos e de livre planejamento familiar envolvidos na relação médico-paciente sejam sopesados pela Resolução CFM n. 2.320/2022, como pressuposto para legitimar qualquer obrigação imposta aos pacientes.

A proibição de comercialização, por outro lado, oferece proteção aos embriões, em virtude do patrimônio genético contido neles, impedindo que sejam tratados como mera coisa.

Assim, da análise da Resolução CFM n. 2.320/2022, percebe-se que se encontram presentes os fundamentos de uma eugenia liberal, que tem por base o consenso social mínimo de compensar o uso em pesquisa e terapia de uma forma de vida em seu estágio mais precoce, para atender aos princípios da liberdade de planejamento familiar, da autonomia reprodutiva e da liberdade científica.

Desse modo, descortina-se em relação à experimentação com embriões o caminho de uma eugenia liberal responsável, para evitar doenças hereditárias, sob a perspectiva de desenvolvimento de bens coletivos em equilíbrio com valores sociais, mas que encontra óbices no dever de congelamento, tendo em vista a restrição ilegítima à liberdade científica, aos direitos reprodutivos e à liberdade de planejamento familiar.

Capítulo 6

A POSSIBILIDADE DE EXPERIMENTAÇÃO COM EMBRIÕES

6.1 BREVE HISTÓRICO DA REPRODUÇÃO HUMANA ASSISTIDA

Segundo Geber *et al.* (2016, p. 1), a morfologia e o comportamento dos gametas masculinos foram, inicialmente, descritos por Antonj van Leeuwenhoek, um microscopista holandês do século XVII, que, em 1677, examinou o próprio sêmen. Leeuwenhoek descreveu os espermatozoides como *animalcules*, ou organismos com forma semelhante à dos girinos, com cauda mais longa e de batimento ciliar rápido, ocasionando deslocamento. Leeuwenhoek propôs, em 1683, uma teoria da pré-formação masculina, com base na qual os *animalcules* seriam embriões pré-formados que, depois de transferidos para a fêmea, através da cópula, nutriam-se no útero materno para se desenvolver.

Já os oócitos somente foram descritos 50 anos mais tarde, em 1827, por Carl Ernst von Baer. Antes, William Harvey teria descrito a presença de células no interior dos folículos ovarianos, e propusera, juntamente com Regnier de Graaf, em 1667, que tais células funcionariam como ovos de animais ovíparos (GEBER *et al.*, 2016, p. 2).

No estudo da hereditariedade, destacou-se a pesquisa de Edouard van Beneden, que atribuiu, em 1883, aos cromossomos a função de servir como veículo físico de transmissão da informação das células haploides para o embrião (GEBER *et al.*, 2016, p. 3). Mais tarde, em meados da década de 1980, o desenvolvimento da técnica de PCR (reação em cadeia da polimerase) possibilitou o diagnóstico de alterações genéticas através da biopsia embrionária, permitindo um estudo mais confiável de regiões gênicas conhecidas (GEBER *et al.*, 2016, p. 2).

Em relação à inseminação intrauterina, o registro científico mais antigo data de 1779, do padre e cientista italiano Lazzaro Spallanzini, que conseguiu realizar, com sucesso, uma inseminação intrauterina em uma cadela, vindo a sugerir que o encontro de um óvulo com um espermatozoide seria a etapa fundamental na concepção. Spallanzini também foi o primeiro cientista a descrever que se mantinha preservada a vitalidade de sêmen de animais domésticos, depois do descongelamento na neve (GEBER *et al.*, 2016, p. 3-4).

Em seres humanos, a primeira inseminação intrauterina com sucesso foi relatada em 1785 pelo escocês John Hunter, que orientou um paciente, acometido de hipospadia, a inseminar sua própria esposa, usando uma seringa. Contudo, a divulgação da técnica de inseminação intrauterina ocorreu apenas em 1866, com a publicação pelo ginecologista americano James Marion Sims do primeiro livro sobre infertilidade, abordando em um capítulo a inseminação artificial (GEBER *et al.*, 2016, p. 4).

Em 1992 foi descoberta, de forma acidental, a técnica da injeção intracitoplasmática de espermatozoides por Gianpiero Palermo, enquanto tentava depositar o espermatozoide na periferia do óvulo (GEBER *et al.*, 2016, p. 8).

Outro grande avanço consistiu na realização, em 1887, da primeira inseminação heteróloga pelo italiano Paolo Mantegazza, e a primeira inseminação bem-sucedida usando um sêmen criopreservado, em 1953, por Bunge e Sherman (GEBER *et al.*, 2016, p. 5).

Quanto à fertilização e cultivo *in vitro* de embriões, as primeiras tentativas feitas em animais datam de 1878, por Shenk, com sucesso obtido, em 1953, por Yanagimachi e Chang.

Já em seres humanos, a primeira fertilização foi realizada com sucesso pelo biólogo e pesquisador Roberts Edwards, em 1969, na Inglaterra. Posteriormente, Ewards e o ginecologista Patrick Steptoe obtiveram sucesso na gravidez e nascimento do primeiro bebê fertilizado *in vitro*, em 1978, que veio a se chamar Louise Brown (GEBER *et al.*, 2016, p. 8).

6.2 LIMITES ÉTICO-JURÍDICOS DA EXPERIMENTAÇÃO COM EMBRIÕES CRIOPRESERVADOS

Ainda hoje, em razão do rápido progresso científico, percebe-se a ausência de leis regulamentando diversos aspectos da reprodução assistida (RA) humana, tanto no Brasil como em muitos países.

Devido a esse vácuo legal, foram editadas normas éticas para responder às indagações que surgem com relação ao agir humano, a fim de amparar as condutas e definir as responsabilidades dos profissionais médicos, bem como para assegurar respeito aos princípios bioéticos reconhecidos internacionalmente.

Nesse sentido, consoante aponta Daniela Grechi:

> Os projetos de lei existentes no País sobre Reprodução Assistida (atualmente são treze) não são unânimes quanto à possibilidade de pesquisa científica envolvendo embriões. Também em nível internacional não existe orientação uniforme acerca da permissibilidade (GRECHI, 2009, p. 112).

No embate de ideias a favor e contra a experimentação científica, apresentam-se justificativas para a utilização das pesquisas com células-tronco em prol da humanidade, em decorrência da sua promissora potencialidade terapêutica no combate a diversas doenças para as quais ainda não foi encontrada cura, como mal de Alzheimer, mal de Parkinson, algumas formas de paralisia cerebral etc.

De acordo com a corrente que admite o uso de células-tronco embrionárias, o objetivo prioritário das pesquisas científicas consiste em diminuir o sofrimento humano, em razão do potencial regenerativo das descobertas.

Por sua vez, a corrente contrária à pesquisa com células-tronco embrionárias baseia-se em valores morais, religiosos e convicções sobre o início da vida, a partir da fecundação (SALDANHA, 2015, p. 98).

Assim, o destino dos embriões *in vitro* excedentários representa um problema atual, no campo da medicina reprodutiva, visto que não há unanimidade sobre a legitimidade da pesquisa científica e também quanto ao destino de tais formas de vida.

E, ainda que se ofereça a possibilidade de controle da produção do número desejado e necessário à transferência para o útero, como alternativa para lidar com o problema do congelamento, tal alternativa se choca com a realidade que consiste na necessidade da produção excedentária de embriões por fertilização *in vitro* (FIV), diante do fato de que nem todos os embriões serão implantados: alguns podem apresentar alterações cromossômicas, conforme probabilidade que aumenta com a idade da mulher (ALVARENGA, 2004, p. 233).

Frise-se, ademais, que o excedente é produzido intencionalmente pelas clínicas médicas de reprodução humana assistida, devido ao alto custo da tecnologia para realização da FIV, que pode ser bem ou malsucedida, exigindo às vezes mais de uma tentativa, consoante informação que deve ser previamente esclarecida aos pacientes.

Além disso, o embrião apresenta a vantagem de possuir células dotadas de pluripotência, derivadas do embrioblasto, em detrimento das menos versáteis células-tronco adultas, qualificadas como multipotentes, que apenas formam tecidos específicos de onde elas foram retiradas, o que faz com que o embrião seja visto como o principal repositório de células-tronco para pesquisas científicas.

Em vista disso, entre 2016 e 2017 foi registrado um crescimento de 17% em relação ao número de embriões humanos produzidos pelas técnicas de FIV criopreservados nas clínicas de reprodução humana assistida, registrando-se um total de 78.216 embriões congelados, no Brasil, conforme informações levantadas pelo 11º Relatório do Sistema Nacional de Produção de Embriões (SisEmbrio), que é um sistema desenvolvido pela Agência Nacional de Vigilância Sanitária (Anvisa). Desse total de 78.216 embriões congelados, apenas 122[46] foram doados para pesquisa, conforme dados obtidos em 21 de fevereiro de 2018, notando-se a grande disparidade entre os embriões que permaneceram congelados, para atender ao prazo de três anos, e os que foram destinados para pesquisa, porque já cumpriram o lapso temporal, ou porque foram classificados como inviáveis (ANVISA, 2018).

Há, ainda, dois outros modos de se obter células-tronco: por intermédio de indivíduos adultos e por meio da clonagem terapêutica, transferindo-se o núcleo de uma célula já diferenciada, derivada de um adulto ou de um embrião, para um óvulo desprovido de núcleo (SÁ; NAVES, 2018, p. 293).

[46] Com a exigência de congelamento dos excedentes viáveis e do necessário diagnóstico de alterações genéticas causadoras de doenças, para fins de doação para pesquisa ou descarte, constante na Resolução CFM n. 2.320/2022 (item V-2), é provável que ocorra um aumento do número de embriões congelados, diante dos custos envolvidos.

A clonagem terapêutica surgiu como alternativa para frear a destruição de embriões criopreservados, por meio da produção por síntese artificial de embriões em laboratório. Consiste, assim, no procedimento que visa à transferência de uma célula somática de um indivíduo a um óvulo humano anucleado, limitado à produção de células, tecidos ou órgãos.

No entanto, a clonagem terapêutica difere da clonagem reprodutiva, porquanto esta consiste na retirada do núcleo de uma célula somática de um indivíduo, para depois fundir seu núcleo a um óvulo, e implantá-lo em um útero, a fim de gerar um novo ser com as mesmas características físicas de quem foi retirada a célula somática.

Em que pese ser proibida a clonagem reprodutiva pela Lei de Biossegurança (art. 3º, IX), Sá e Naves (2018, p. 292) vislumbram que a única possibilidade aceitável para sua realização seria na ocorrência de uma doença genética recessiva de um dos cônjuges, que impeça o aproveitamento de seu material genético na construção do projeto parental.

No plano internacional, a proibição da clonagem reprodutiva, para fins de investigação, vem expressa na Convenção de Oviedo (Convenção Europeia para a Proteção dos Direitos Humanos e da Dignidade do Ser Humano face às Aplicações da Biologia e da Medicina)[47], celebrada em 1997 (NAMBA, 2015, p. 73). Seu art. 2º também dispõe que o interesse e o bem-estar humano têm prevalência sobre o interesse exclusivo da sociedade e da ciência (SALDANHA, 2015, p. 47).

A Declaração Universal do Genoma Humano e dos Direitos Humanos também considera prática contrária à dignidade humana a clonagem de seres humanos (art. 11), bem como proíbe a intervenção no genoma humano, a não ser com fins preventivos, terapêuticos ou diagnósticos, na medida em que o objetivo não seja manipular a linha celular germinal (art. 16), recomendando sua proibição e exortando

[47] Artigo 13º Intervenções sobre o genoma humano: Uma intervenção que tenha por objecto modificar o genoma humano não pode ser levada a efeito senão por razões preventivas, de diagnóstico ou terapêuticas e somente se não tiver por finalidade introduzir uma modificação no genoma da descendência (Convenção para a Protecção dos Direitos do Homem e da Dignidade do Ser Humano face às Aplicações da Biologia e da Medicina).

Estados e organizações internacionais a cooperar na identificação e tomada das medidas necessárias para assegurar o respeito a seus princípios (UNESCO, 1997).

A preocupação da Declaração Universal do Genoma Humano e dos Direitos Humanos com a preservação da dignidade humana, nas mais variadas pesquisas, pode ser observada em seu art. 10:

> Art. 10. Nenhuma pesquisa ou aplicação de pessoas relativa ao genoma humano, em especial nos campos da biologia, genética e medicina, deve prevalecer sobre o respeito aos direitos humanos, às liberdades fundamentais e à dignidade humana dos indivíduos ou, quando for o caso, de grupo de pessoas.

O objetivo de proteger o genoma humano também se encontra presente na Convenção sobre a Diversidade Biológica, em cujo preâmbulo as partes contratantes se comprometem a "conservar e utilizar de maneira sustentável a diversidade biológica em benefício das gerações atuais e futuras" (MELO, 2008, p. 173).

Mesmo a investigação voltada à cura e tratamento de doenças congênitas traz a possibilidade de interferência no patrimônio genético da futura descendência, motivo pelo qual, no meio científico, é recomendada a opção pelo uso de células tronco-somáticas encontradas no cordão umbilical, na placenta, no tecido fetal e no indivíduo adulto.

Como resultado, a manipulação encontra-se limitada às células somáticas, considerando a potencialidade da clonagem reprodutiva de violar os princípios de autonomia e dignidade dos indivíduos gerados, bem como de colocar em risco a diversidade da espécie, que é protegida, por meio da proibição de alterações artificiais do patrimônio genético.

Sá e Naves destacam, ainda, que:

> Especificamente quanto à clonagem, a atuação desses princípios fundamentaria sua proibição, pois a precaução não estaria garantida diante de tantos riscos sérios e irreversíveis, que são empiricamente demonstrados em pesquisas científicas. Estreitamente ligado à precaução está a responsabilidade para com as gerações presentes e futuras, porquanto o risco em se clonar é demasiadamente grande para um resultado questionável (SÁ; NAVES, 2018, p. 290).

Desse modo, a proibição da engenharia genética em organismo vivo e em célula germinal, zigoto e embrião humanos tem o objetivo de proteger o patrimônio genético humano, amparado pela Lei de Biossegurança (art. 6º, II e III, da Lei n. 11.105, de 24 de março de 2005).

Nota-se, pois, que as práticas adotadas pela medicina reprodutiva de instrumentalização de embriões humanos excedentários têm caráter altruísta, por meio da pesquisa e terapia de doenças, visando ao bem-estar humano.

Para Sandel (2013, p. 61-62), a instrumentalização é bem-vinda, embora seja um erro pensar na saúde em termos exclusivamente instrumentais, como no caso da eugenia positiva, ou na aplicação na reprodução seletiva, o que não implica desabonar práticas eugênicas que visam curar doenças, essas sim confirmadoras do valor intrínseco da saúde.

Mai e Angerami (2006, p. 251-258) chamam de eugenia negativa o emprego do saber operacional da engenharia genética para fins de prevenção e cura de doenças de origem genética, com ações de caráter restritivo, diretamente sobre o patrimônio genético do indivíduo, ou para impedir que pessoas com certas limitações se reproduzam.

Quanto ao consentimento do indivíduo não nascido, Habermas (2004, p. 88) chega inclusive a cogitar sua eventual aceitação tácita, ainda na fase embrionária, quando afetado por alguma doença incurável ou deformidade que o impeça de gozar com plenitude a vida, caso em que haveria legitimidade nas intervenções eugênicas realizadas com o fim de evitar males extremos.

Nesse cenário, ao mesmo tempo que são protegidos os direitos fundamentais reprodutivos dos indivíduos, são também protegidos os interesses da sociedade de preservação do patrimônio genético, afigurando-se legítima a utilização altruísta de embriões excedentários em pesquisa e terapia de células-tronco, sem alterações artificiais do genoma humano.

Por tais razões, tendo em vista que alguns dos temas relacionados à conduta humana na esfera biomédica e na aplicação da biotecnologia à vida, como a investigação com células-tronco, consistem em comportamentos que não causam prejuízos a terceiros ou à sociedade, seria aceitável, do ponto de vista ético, a experimentação científica dos excedentes embrionários de procedimentos de RA, sem a observância de prazos e condições biológicas.

Nesse caso, somente se justificaria o descarte diante da impossibilidade de uso em pesquisa dos embriões "inviáveis", a fim de assegurar a máxima efetividade à liberdade de expressão da atividade científica, prevista também como direito fundamental no art. 5º, IX, da Constituição, em harmonia com o direito difuso ao patrimônio genético, tutelado pelo art. 225, § 1º, II.

Sobre o princípio da máxima efetividade dos direitos fundamentais, George Marmelstein informa que:

> A cláusula da aplicação imediata tem sim uma importância prática extraordinária. Ela é a consagração expressa do princípio da máxima efetividade, que é inerente a todas as normas constitucionais, especialmente as definidoras de direitos. Ela é o reconhecimento formal por parte do constituinte de que os direitos fundamentais têm força jurídica especial e potencializada (MARMELSTEIN, 2018, p. 311).

Nesse viés, o uso de embriões excedentários em pesquisa ocorreria tanto para não violar os direitos fundamentais reprodutivos dos genitores quanto para reconhecer ao patrimônio genético presente nos embriões o caráter de bem comum de acessibilidade a todos *pro indiviso*, no sentido de pertencimento comunitário, quando não utilizados para fins reprodutivos.

No mesmo sentir, Anderson Schreiber afirma:

> Questão que tem suscitado amplo debate na sociedade brasileira diz respeito à chamada proteção jurídica dos embriões, especialmente em face dos procedimentos de fertilização *in vitro*. Os embriões encontram-se em um estágio ainda anterior àquele dos nascituros. Somente se tornam nascituros no momento em que são implantados no útero materno. Por isso, não gozam de personalidade, nem sequer têm interesses futuros e eventuais tutelados pela legislação. Ainda assim, há autores que sustentam que os embriões *in vitro* têm direito à vida e ao tratamento digno, por serem potencialmente pessoas humanas. A proposta, embora aparentemente progressista e humanitária, deve ser examinada com extrema cautela, porque poderia criar obstáculo jurídico insuperável à discussão de temas importantíssimos, como as pesquisas

> com células-tronco e a descriminalização do aborto. A melhor abordagem aqui parece ser a imposição, em procedimento de fertilização e pesquisas científicas que possam resultar no descarte de embriões humanos, de deveres de segurança e cuidado compatíveis com a especial natureza dos embriões, sem, contudo, pretender lhes atribuir personalidade jurídica (SCHREIBER, 2021, p. 37).

Assim, conforme Orselli (2016, p. 293), a pesquisa científica seria tolerada para a busca de eventual cura de doenças congênitas graves, mas também limitada à conjugação de dois fatores: (1) somente servirão como objeto de pesquisa os embriões não utilizados em procedimento de FIV; e (2) mediante autorização dos fornecedores do material genético.

Capítulo 7

O CONTRATO DE REPRODUÇÃO ASSISTIDA E OS SUJEITOS FONTES

A utilização das técnicas de reprodução assistida (RA), enquanto recurso disponível para efetivação do planejamento familiar, consiste em relevante evento para o ordenamento jurídico, à vista dos serviços prestados e dos direitos e interesses envolvidos.

Isso porque, quando se fala em contrato de reprodução assistida, não se trata da prestação pura e simples de um serviço, mas da contratualização, que objetiva a concretização de direitos fundamentais.

Desse modo, a pactuação do contrato de reprodução assistida demanda um instrumento técnico e jurídico adequado no estabelecimento dos direitos e deveres das partes, sobre os quais também recai a tutela protetiva do Estado para situações jurídicas referentes à preservação do patrimônio genético.

Como principal elemento diferenciador dos demais contratos, a prestação oportunizada pela realização das técnicas de reprodução assistida liga-se, essencialmente, ao direito à saúde reprodutiva (art. 196 da CF), como direito de todos e dever do Estado, passível de ser prestado pelo poder público, ou por terceiros, sob controle e fiscalização do Estado (art. 197 da CF).

A mesma sorte assiste ao contrato de congelamento dos embriões excedentes em clínicas, pois sem tais serviços médicos ficaria prejudicada a realização plena do direito de planejamento familiar, que requer a garantia de todos os meios e técnicas disponíveis para a regulação da fecundidade ou saúde reprodutiva, entre os quais se inclui a possibilidade de congelar o excedente para futuros ciclos de transferências. Corroboram tal raciocínio os arts. 2º e 4º da Lei n. 9.263, de 12 de janeiro de 1996:

> Art. 2º Para fins desta Lei, entende-se planejamento familiar como o conjunto de ações de regulação da fecundidade que garanta direitos iguais de constituição, limitação ou aumento da prole pela mulher, pelo homem ou pelo casal.
>
> [...] Art. 4º O planejamento familiar orienta-se por ações preventivas e educativas e pela garantia de acesso igualitário a informações, meios, métodos e técnicas disponíveis para a regulação da fecundidade.

Assim, questões como criopreservação, descarte, abandono, responsabilidade dos contratantes e natureza jurídica do material genético são situações jurídicas, que surgem em torno do contrato entre a clínica e os sujeitos fontes do material genético ou genitores.

7.1 A RELAÇÃO CONTRATUAL ENTRE MÉDICO E PACIENTE

Para adentrar os aspectos do contrato entre a clínica e os sujeitos fontes é preciso antes tratar dos requisitos indispensáveis à sua formação, dentro da perspectiva de respeito aos direitos fundamentais, à qual se encontra submetida qualquer norma deontológica voltada para o acesso a dados de caráter biológico, jurídico e ético dos pacientes.

Segundo Schreiber (2021, p. 92-95), a doutrina divide a análise do negócio jurídico em três planos: existência, validade e eficácia. Em relação ao plano da existência, o autor, em apertada síntese, identifica como elementos essenciais o sujeito, o objeto e a forma. Os requisitos de validade do negócio jurídico são elencados no art. 104 do Código Civil, ao exigir a presença de "agente capaz", "objeto lícito, possível, determinado ou determinável" e "forma prescrita ou não defesa em lei". Já a eficácia consiste na aptidão do negócio jurídico para produzir efeitos, que pode ser contida pela lei ou pela vontade das partes, as quais podem subordinar a eficácia do negócio a certos elementos acidentais, como o termo, a condição ou o encargo, também chamados modalidades do negócio jurídico.

No contrato de reprodução assistida, o paciente deve, portanto, ser capaz e estar suficientemente informado sobre todos os aspectos do tratamento, como riscos e benefícios, de forma clara e acessível, bem como precisa, ainda, ter discernimento para compreender a própria situação, na forma de consentimento livre e esclarecido[48].

O consentimento livre e esclarecido consiste no exercício da autonomia privada, que difere da mera vontade, pois esta apresenta um preponderante aspecto psicológico, residente na vontade interna da pessoa, enquanto aquela é objetivamente delimitada pelo Direito.

Para o exercício da autonomia privada pelo paciente, Sá e Naves (2018, p. 108-109) entendem que são também exigidos requisitos de validade especiais ou complementares aos dos atos jurídicos em geral, sendo eles: informação, discernimento e ausência de condicionadores externos, como vícios sociais ou de consentimento, que comprometam a manifestação da vontade.

No mesmo sentido, Romeo-Casabona (2004, p. 147) entende que, para a validade da manifestação de vontade, esta deve estar ausente de vícios em sua formação ou manifestação, que podem ser anteriores (falta de capacidade para consentir ou informação defeituosa eivada de erro), concomitantes (objeto, forma e momento do consentimento) e posteriores (retificação e revogação), visto que a informação médica se desenvolve em um processo contínuo, no qual deve prevalecer a igualdade de interlocução.

Perlingieri (2002, p. 17) conceitua "autonomia privada", em geral, como "o poder, reconhecido ou concedido pelo ordenamento estatal a um indivíduo ou a um grupo, de determinar vicissitudes jurídicas como consequência de comportamentos – em qualquer medida – livremente assumidos".

Afirma, ainda, Perlingieri (2002, p. 17-18) que a autonomia privada se traduz na liberdade de negociar, da qual decorre a faculdade de determinação do conteúdo e forma do contrato ou ato, com especial

48 Ressaltando a importância da livre autodeterminação individual do paciente, Sá e Naves mencionam o PSDA (*The Patient Self-Determination Act*) ou Ato de Autodeterminação do Paciente, texto normativo estadunidense em vigor desde 1º de dezembro de 1991, como importante marco resultado do reconhecimento da autonomia privada do paciente, inclusive para recusa de tratamento médico, por meio do instrumento denominado *advanced directives* ou diretivas antecipadas, que, no Brasil, é tratado pela Resolução CFM n. 1995/2012 (SÁ; NAVES, 2018, p. 107).

atenção para os negócios de natureza não patrimonial, que têm por objeto situações subjetivas existenciais balizadas pela cláusula geral de tutela da pessoa humana, em virtude do que ocupam uma posição mais elevada na hierarquia constitucional.

No campo médico, a autonomia privada do paciente surgiu através da expressão "consentimento informado", e mais recentemente passou a denominar-se "consentimento livre e esclarecido".

A preferência pelo uso da expressão "consentimento livre e esclarecido" no lugar de "consentimento informado" se deve à compreensão atual de que a mera informação não basta, pois é preciso que os pacientes sejam esclarecidos de todas as circunstâncias de caráter biológico, jurídico e ético relevantes ao ato, que deve ser livre de coação ou de qualquer forma de constrangimento.

Reafirmando a tendência de amplo conhecimento pelo paciente de suas informações médicas, a Resolução n. 196/96 do Conselho Nacional de Saúde (CNS) usa, no item II.11, a expressão "consentimento como livre e esclarecido", assim como a Resolução n. 2.121/2015 do Conselho Federal de Medicina (CFM) atualizou o termo "consentimento informado", tal como constava nas anteriores resoluções, para "consentimento livre e esclarecido", de caráter obrigatório para todos os pacientes submetidos às técnicas de reprodução assistida.

Romeo-Casabona (2004, p. 129) define o consentimento livre e esclarecido como um direito subjetivo do qual derivam diversos direitos fundamentais e civis. Constata-se, então, que o consentimento compreende o objeto, que se limita ao tratamento adequado, insuscetível de ampliação pelo médico, a não ser quando estritamente necessário, na verificação de circunstâncias imprevistas; sua forma deve ser sempre escrita, salvo em grave perigo de vida, pois a espera em consegui-lo pode causar um mal maior; e seu momento de exteriorização deve ser anterior ou concomitante ao tratamento, embora, a qualquer tempo, revogável.

Desse modo, o respeito à autodeterminação do paciente, que figura como elemento central de seu direito de autodeterminação, verifica-se por meio do consentimento livre e esclarecido, elaborado em formulário especial, em linguagem acessível, na tomada de decisões, presumindo um processo dialógico, que é obrigatório para todos os que se submeterem às técnicas de RA (item I-4 da Resolução n. 2.320/2022).

Resta claro, portanto, que o fundamento de tutela para as relações abrangendo a aplicação das técnicas de RA guarda algumas particularidades, diferenciando-se do regime contido no Código Civil[49], não apenas pela complexidade dos serviços prestados, que exigem a atuação multidisciplinar, mas também pela enorme vulnerabilidade técnica e jurídica do paciente, razão pela qual se faz necessária e adequada a aplicação do Código de Defesa do Consumidor.

Quanto à forma, Sérgio Abdalla Semião (2012, p. 149) considera que a atividade médica ligada à reprodução humana nunca tem caráter emergencial, bem como não seria ética nem juridicamente admissível a forma verbal, pelo que a forma escrita é obrigatória, independentemente de previsão legal.

Todavia, a forma escrita não constitui uma exigência legal para a celebração de contratos de reprodução assistida, o que os torna, em regra, informais, por possuírem forma livre.

Anderson Schreiber (2021, p. 94) acrescenta que, diferentemente da forma, o formalismo é dirigido à garantia de interesses ou valores protegidos pelo ordenamento constitucional, em razão de uma perspectiva atenta à necessidade de concretização de determinados valores constitucionais nas relações privadas, como na disciplina dada aos contratos de adesão, em relação aos quais o Código de Defesa do Consumidor estabelece algumas formalidades, para fins de aferição da validade.

Além disso, consoante Semião (2012, p. 162), a prestação de serviços em reprodução assistida requer uma estrutura composta de diversos equipamentos médicos, como aqueles usados para criopreservação de embriões, além de um *staff* especializado, de modo que a atividade de prestação de serviços médicos de reprodução assistida será sempre empresarial, em face das exigências mínimas para realização do objeto social.

Por tais motivos, infere-se que a relação médico-paciente envolvendo a aplicação de técnicas de RA apresenta a dinamicidade da atividade empresarial apta a conduzir os laços contratuais ajustados entre o paciente, na condição de consumidor final, e as clínicas e centros médicos, enquanto fornecedores de serviços.

---

49 Art. 15. Ninguém pode ser constrangido a submeter-se, com risco de vida, a tratamento médico ou a intervenção cirúrgica (BRASIL. Código Civil).

7.2 A CLASSIFICAÇÃO DOS CONTRATOS DE REPRODUÇÃO ASSISTIDA

A primeira distinção entre os contratos de RA surge com relação ao tempo em que se destinam a ser cumpridos, dando ensejo a dois tipos de contratos: contrato de execução instantânea, em que a prestação é cumprida de imediato, na realização do procedimento de RA; e contrato de execução continuada, no caso de haver embriões excedentários, tendo em vista o dever legal de congelamento dos viáveis, cujo cumprimento perdura por três anos, conforme o art. 5º da Lei de Biossegurança.

Ante a ausência de regras específicas para sua celebração, o contrato de reprodução humana assistida corresponde a um contrato atípico, consoante permite o Código Civil, ao afirmar, em seu art. 425, que "é lícito às partes estipular contratos atípicos, observadas as normas gerais fixadas neste Código".

Sendo o direito contratual um campo de exercício da autonomia privada, a possibilidade de celebração de contratos atípicos já era reconhecida mesmo sob a vigência do Código Civil de 1916, a despeito da ausência de norma expressa nesse sentido (SCHREIBER, 2021, p. 17).

É de se ressalvar, todavia, que os contratos atípicos não representam um universo isolado de regras criadas pelas próprias partes, pois todo contrato, típico ou atípico, insere-se no sistema jurídico, devendo observar as normas gerais do direito contratual (SCHREIBER, 2021, p. 186).

Sérgio Abdalla Semião (2012, p. 288) vê no contrato de reprodução assistida um típico contrato de prestação de serviços, consensual, não solene, de execução instantânea e *intuitu personae*.

Com efeito, o contrato de reprodução assistida tem por objeto a prestação de serviços médicos, que são ajustados, de forma consensual, entre o médico ou clínica e os pacientes, os quais não podem ser substituídos, tendo em vista o grau de confiança depositado na capacidade profissional do prestador, e uma vez que o tratamento se aplica somente aos pacientes contratantes.

Em relação ao contrato de congelamento, do ponto de vista estrutural, por depender da entrega dos embriões excedentários para sua formação, aquele se apresenta como real, somente se aperfeiçoando com o depósito dos embriões no tanque de nitrogênio líquido; não basta o consentimento das partes. Entretanto, haveria dúvidas quanto a sua natureza jurídica, visto que seu objeto consiste em coisa fora do comércio, diferindo, portanto, do contrato de depósito, o que leva Semião (2012, p. 217) a considerá-lo atípico.

O contrato de congelamento de embriões pode, ainda, ser classificado, segundo sua perspectiva dinâmica, como negócio jurídico relacional, eis que derivado de outro antecedente, em uma espécie de relação complementar, que impõe deveres recíprocos de colaboração e readaptação[50], no curso da jornada contratual, conforme Schreiber (2021, p. 187).

O contrato de congelamento também seria autônomo em relação ao contrato de reprodução assistida, tendo em vista que os embriões produzidos por fertilização *in vitro* (FIV) são congelados, para posterior transferência ao útero, e também porque existe o dever legal de manter criopreservados os excedentários, em virtude do limite quantitativo passível de transferência[51], de acordo com a idade da candidata à gestação por técnicas de RA.

Quando o serviço de RA é prestado pelo Estado ao paciente, conforme dever imposto pelo art. 196 da Constituição Federal, trata-se de contrato gratuito, não se aplicando as normas de proteção e defesa do consumidor[52].

---

50 A readaptação pode decorrer de perdas embrionárias, cuja ocorrência é previsível, durante o curso do congelamento.

51 I – PRINCÍPIOS GERAIS. 7. Quanto ao número de embriões a serem transferidos, fazem-se as seguintes determinações, de acordo com a idade: a) mulheres com até 37 (trinta e sete) anos: até 2 (dois) embriões; b) mulheres com mais de 37 (trinta e sete) anos: até 3 (três) embriões; c) em caso de embriões euploides ao diagnóstico genético; até 2 (dois) embriões, independentemente da idade; e d) nas situações de doação de oócitos, considera-se a idade da doadora no momento de sua coleta (Resolução CFM n. 2.320, de 1º de setembro de 2022).

52 O Superior Tribunal de Justiça já se manifestou no sentido de que não há que se falar em aplicação das regras do Código de Defesa do Consumidor, ao serviço de saúde prestado por hospital público, ante a ausência de onerosidade, posto que seu custeio ocorre por meio de receitas tributárias, inexistindo qualquer tipo de remuneração direta (nesse sentido: REsp 1.187.456/RJ e REsp 493.181/SP).

Contudo, se houver a assunção de ônus por ambas as partes, na hipótese do serviço prestado por clínica ou centro médico particular, mediante contraprestação pecuniária do paciente, tem-se um contrato oneroso e bilateral.

Quanto ao número de manifestações de vontade necessário para despertar o efeito obrigacional, Anderson Schreiber leciona que:

> Já se viu que todo contrato é um negócio jurídico bilateral, por exigir, no mínimo, duas manifestações de vontade para produzir efeitos obrigacionais. Assim, pode causar espanto a afirmação de que os contratos podem ser divididos em contratos bilaterais e unilaterais. É que os termos bilaterais e unilaterais são aqui usados em outro sentido: (a) contratos bilaterais são aqueles que geram obrigações recíprocas entre as partes, e (b) contratos unilaterais são os que geram obrigações apenas para um contratante (SCHREIBER, 2021, p. 184).

Logo, na hipótese de contratação de serviços médicos de reprodução assistida, vislumbra-se um negócio jurídico comutativo e bilateral, eis que são geradas obrigações recíprocas entre as partes contratantes: por parte da clínica ou centro médico, que se obriga a empregar as técnicas de RA e criopreservar os embriões excedentários não utilizados no respectivo procedimento de FIV, e para os pacientes, que se obrigam a arcar com os custos financeiros das técnicas de RA e da criopreservação antes mencionada.

Desse modo, a incidência dos preceitos protetivos do Código de Defesa do Consumidor só terá lugar nos contratos onerosos e bilaterais de serviços médicos prestados por clínicas ou centros médicos particulares de reprodução humana assistida.

7.3 A RESPONSABILIDADE CIVIL NOS CONTRATOS DE REPRODUÇÃO HUMANA ASSISTIDA

Diante da importância dos serviços prestados com a aplicação das técnicas de RA, e da enorme vulnerabilidade técnica e jurídica do paciente, o fundamento de tutela para as relações jurídicas decorrentes dos contratos de reprodução assistida está, portanto, contido no Código de Defesa do Consumidor.

Assim, quanto à existência de culpa na responsabilidade civil que, eventualmente, configura-se na relação médico-paciente, esta pode ser de duas espécies: a subjetiva, aplicável ao profissional liberal que, no exercício de atividade profissional, por negligência, imprudência ou imperícia, causar dano ao paciente, apurável mediante a verificação de culpa (art. 14 do CDC); e a objetiva, com base na doutrina do risco, em que a obrigação de reparar o dano ocorre independentemente de culpa (art. 927, parágrafo único, do CC c/c arts. 12 e 14 do CDC).

A responsabilidade objetiva incide sobre o profissional médico agrupado em torno de empresas prestadoras de serviços, tais como hospitais, clínicas e grupos de saúde, que têm opção de regresso contra o causador do dano.

Com relação à origem, a responsabilidade pode ser contratual ou extracontratual. A primeira ocorre quando o dever jurídico violado está previsto em negócio jurídico voluntariamente assumido pelas partes, ao passo que na segunda, também chamada aquiliana, há a transgressão de um dever legal imposto a todos, como o de não lesar outrem (art. 927 do CC).

Para Taisa Maria Macena de Lima (1999 *apud* SÁ; NAVES, 2018, p. 117), no caso do médico, pressupõe-se uma urgência de permanente oferta em contratar, que o faz integrante da categoria de contrato necessário, em decorrência da indispensabilidade da atividade desempenhada. Assim, mesmo no atendimento emergencial, em que não há escolha prévia e voluntária quanto ao conteúdo do negócio jurídico, a responsabilidade seria sempre contratual, com base na qual se presume a culpa decorrente do inadimplemento obrigacional (art. 389 do CC).

A doutrina faz também a distinção quanto ao objetivo das obrigações assumidas em obrigação de meio e obrigação de resultado: a primeira depende da verificação de ter o profissional apenas se obrigado a empregar sua técnica, com o objetivo de promover a saúde, sem compromisso de obter a finalidade de cura em si, caso em que sua negligência, imprudência ou imperícia deverá ser provada; tem-se obrigação de resultado se há a assunção voluntária da obrigação com o compromisso de atingir um resultado certo e determinado, do qual decorre a responsabilidade presumida do médico, com a consequente inversão do ônus da prova, se o paciente demonstrar que não foi atingida a meta avençada, além de caber ao médico provar que não agiu com negligência, imprudência ou imperícia, ou que o insucesso se deu em decorrência de culpa exclusiva do paciente (SÁ; NAVES, 2018, p. 118).

Assim, quanto ao fim a que se destinam, ensinam Sá e Naves (2018, p. 118) que a responsabilidade do médico, dada a natureza contratual da obrigação, pode ser de meio, cabendo ao paciente provar a culpa do médico para obter a reparação; se for de resultado, bastará a prova de que o fim esperado não foi alcançado. Contudo, em ambos os casos, o médico deverá provar que não agiu com culpa.

No mesmo sentido, Semião (2012, p. 223-224) sustenta que, no contrato de reprodução assistida, médico e clínica que não garantiram o resultado não respondem pelo êxito da gravidez, diante do possível insucesso da estimulação ovariana ou da falha natural na fertilização dos óvulos.

7.4 A RESPONSABILIDADE CIVIL NA CRIOPRESERVAÇÃO DE EMBRIÕES E GAMETAS

Conforme Queiroz (2015, p. 99), o uso da tecnologia da criopreservação de embriões diminui o sofrimento causado aos pacientes com a hiperestimulação ovária e punções ovacitária e espermática, bem como objetiva:

> [...] alcançar um equilíbrio gradativo entre o embrião e o líquido crioprotetor, a fim de minimizar os efeitos tóxicos, o que é feito em temperatura ambiente. Em seguida, os embriões são acondicionados em ampolas, identificados e colocados em um *freezer* biológico, para resfriamento a –40º C. Após este resfriamento inicial, os recipientes são mergulhados em um botijão de nitrogênio líquido, no qual ficam crioconservados à temperatura de –196º C (QUEIROZ, 2015, p. 99).

Apesar de todo o progresso tecnológico percorrido pela ciência, não raro ocorrem prejuízos decorrentes da prestação de serviços médicos de reprodução assistida, sendo ainda recente e complexa a discussão sobre a definição da responsabilidade pela funcionalidade do material genético criopreservado, ante a possibilidade de deterioração, que aumenta com o tempo de congelamento.

Contudo, por tudo o que foi dito até o momento, não há dúvidas de que o descarte não autorizado de embriões e gametas, ou a perda e a contaminação por falhas no manuseio, conservação, distribuição e transferência do referido material biológico, geram a responsabilidade objetiva da clínica responsável pelos serviços de consumo defeituosos ou inadequados, nos termos dos arts. 14 e 20 do Código de Defesa do Consumidor.

Queiroz (2015, p. 112-114) afirma que, em relação à tutela estatal, há que se distinguir o embrião *in vitro* do material genético consistente em óvulos e espermatozoides: em relação aos gametas seria aplicado o direito de propriedade, com possibilidade de reconhecimento da responsabilidade por danos emergentes referentes aos investimentos feitos pelos pacientes, na realização do procedimento de RA; ao passo que o embrião *in vitro* detém uma tutela diferenciada, tendo em vista sua especificidade orientada para a proteção da privacidade do indivíduo.

A despeito da natureza de *res extra commercium* dos embriões *in vitro*, no caso de perda ou deterioração por vício ou fato do serviço, entende-se que, inevitavelmente, todos os investimentos feitos pelos pacientes configuram os danos emergentes, que Schreiber (2021, p. 157) conceitua como "prejuízos econômicos efetivamente sofridos pela vítima". Afinal, a aplicação das técnicas de RA envolve diversos procedimentos diretamente custeados pelos pacientes.

Além disso, a teoria da perda de uma chance reconhece o direito de ressarcimento da vítima de dano, que se configura pela perda da oportunidade de obter uma vantagem ou evitar um prejuízo, no campo econômico ou moral, independentemente da alta probabilidade entre a chance e o resultado final, em observância dos princípios da boa-fé e do equilíbrio das relações entre consumidores e fornecedores (SCHREIBER, 2021, p. 278).

Nascida no direito francês, a teoria da perda da chance (*perte d'une chance*) propõe o direito de ressarcimento sempre que configurada a perda de uma oportunidade de obter certa vantagem ou evitar certo prejuízo, com o propósito de assegurar à vítima o ressarcimento integral das perdas sofridas, mediante o exame de dois planos distintos: (a) existência da perda; e (b) quantificação da perda. No plano da existência, verifica-se se houve a perda efetiva de uma oportunidade real, independentemente de ser a chance alta ou não. Já no plano da quantificação da perda, investiga-se qual seria a probabilidade de obtenção do resultado final, atribuindo-se um valor proporcional à perda da chance de obtê-lo, não como espécie de dano patrimonial, bem como abrangendo o campo exclusivamente moral (SCHREIBER, 2021, p. 278).

Schreiber (2021, p. 279) registra o caso de uma empresa especializada em coleta e armazenagem de células-tronco embrionárias que, contratada por um casal, não enviou o preposto para realizar a coleta no dia do parto, tendo concluído o Superior Tribunal de Justiça pela caracterização de dano extrapatrimonial para criança, ante a frustração da chance de ter suas células embrionárias colhidas e armazenadas, para fazer, quando preciso, uso em tratamento de saúde.

Assim, percebe-se que a jurisprudência começa a admitir a possibilidade de dano por perda de uma chance decorrente de serviços de saúde defeituosos ou inadequados, conforme também decidiu o Tribunal de Justiça de São Paulo (TJSP) no caso de um hospital condenado por falha no atendimento de seus prepostos que levou à morte de paciente recém-nascida, cujos genitores recorreram à técnica de fertilização *in vitro*. O TJSP declarou a existência de responsabilidade civil do hospital em razão de fato do serviço, aplicando-se a teoria da perda da chance, uma vez que a alta médica dada à paciente recém-nascida, antes da correta eliminação do mecônio, contribuiu de forma decisiva para seu óbito, fazendo com que a autora perdesse a chance de ser mãe e formar uma família completa (SÃO PAULO, 2012).

Sabido, portanto, que a teoria da perda de uma chance exige a verificação da perda efetiva de uma oportunidade real e o exame da real probabilidade de obtenção do resultado final, indaga-se se a perda de embriões posteriormente aos três anos de congelamento obrigatório gera algum dever de indenizar.

Por certo que a perda gradativa de viabilidade dos embriões *in vitro* excedentários e do material genético consiste em fenômeno inerente ao próprio congelamento, não havendo, pois, que se falar em responsabilidade civil do médico ou da clínica, salvo em caso de restar configurado vício ou defeito no serviço prestado ao paciente.

Assim, somente haveria a responsabilidade civil, em caso de perda de embriões criopreservados, por alguma falha da clínica ou hospital, quer sejam viáveis ou não, em virtude de não se vislumbrar oportunidade insignificante, meramente em função da inviabilidade evolutiva decorrente da deterioração progressiva pós-descongelamento, conforme apontam Donadio *et al.* (2005, p. 666-667).

Por outro lado, a responsabilidade pela perda de embriões e gametas humanos restaria afastada por uma das seguintes excludentes: caso fortuito ou força maior, culpa exclusiva da vítima e fato de terceiro.

Caio Mário da Silva Pereira (2018, p. 382) afirma que a elaboração pretoriana e doutrinária construiu a hipótese de escusativa de responsabilidade fundada na culpa da vítima para o evento danoso, quando esta contribui com ato seu na construção dos elementos do dano, devendo-se apurar a responsabilidade e liquidação do dano, sopesando a parte com que a vítima contribuiu. O fato de terceiro, em termos de responsabilidade civil, atua de forma diversa, em que ocorre a interferência de pessoa diversa do agente e da vítima, implicando a realização do fato danoso. No entanto, a jurisprudência costuma equiparar o fato de terceiro ao caso fortuito ou de força maior, chamando de "fortuito externo" o acidente causado por ato não relacionado diretamente com a atividade desenvolvida pelo agente, para elidir, por exemplo, a responsabilidade civil do transportador, na ocorrência de roubo no transporte coletivo. Apesar da similitude de elementos caracterizadores e de efeitos, no caso fortuito ou de força maior, o dano será proveniente de um fato necessário, cujos efeitos não podiam ser evitados ou impedidos (art. 393, parágrafo único, do CC), consistindo, portanto, para o legislador brasileiro, em conceitos sinônimos.

Além dessas hipóteses, Caio Mário da Silva Pereira (2018, p. 378-380) enuncia que o agente fica eximido de reparar o dano causado se tiver agido em legítima defesa proporcional à agressão injusta provocada por parte de outrem, nos termos do art. 25 do Código Penal, ou no exercício regular de um direito, no âmbito da razoabilidade, visto que o exercício abusivo ou irregular do direito incide no dever ressarcitório (arts. 187 e 188, I, do CC). Há, ainda, a situação de estado de necessidade daquele que causa a deterioração ou destruição de coisa alheia a fim de remover perigo iminente, que não provocou por sua vontade, nem podia de outro modo evitar, para a preservação de seus próprios bens (art. 188, II, do CC).

Pereira (2018, p. 381) ressalva, porém, que a escusativa de responsabilidade contida no princípio de estado de necessidade vem temperada pelos arts. 929 e 930 do Código Civil, no sentido de reconhecer o direito indenizatório à pessoa lesada, ou ao dono da coisa, que não forem culpados do perigo, e o consequente direito de regresso do autor do dano contra o terceiro culpado.

7.5 A (IN)ALIENABILIDADE ONEROSA DE GAMETAS E EMBRIÕES CRIOPRESERVADOS

Segundo Queiroz (2015, p. 126), o espermatozoide e o óvulo não se encaixam no conceito biológico de tecidos transplantáveis, estando, assim, fora do alcance da proteção da Lei n. 9.434, de 4 de fevereiro de 1997.

Isso não quer dizer que os gametas humanos possam ser comercializados, pois, apesar de não ser proibida por lei, tal prática é vedada pela Resolução CFM n. 2.320/2022[53].

Assim, no que tange à comerciabilidade, que não deve ser entendida como indisponibilidade[54], Queiroz (2015, p. 116-117) afirma que se pode dispor de partes ou produtos do corpo que existam em duplicidade, ou que sejam renováveis, como ocorre com os gametas, por não importar em diminuição permanente da integridade corporal (art. 13 do CC).

Quanto aos embriões criopreservados, tanto a Resolução CFM n. 2.320/2022 quanto a Lei de Biossegurança os consideram insuscetíveis de alienação onerosa, o que se coaduna com a justificativa de carregarem consigo um interesse difuso de preservação do patrimônio genético, tutelado pelo art. 225, § 1º, II, da Constituição.

O anúncio de venda de amostras de DNA de índios brasileiros feito, em 1996, pela empresa estadunidense *Coriell Cell*, na internet, confirma a necessidade de proteger o patrimônio genético de que é portador o embrião criopreservado (SALDANHA, 2015, p. 50).

Desse modo, a tutela do embrião humano *in vitro* coloca-o no campo de estudo do biodireito, em função de servir como instrumento para a concretização de projetos parentais de pacientes com problemas de fertilidade e do dever de proteção do patrimônio genético, com potencial promissor para possíveis aplicações médicas, não consistindo, pois, em espécie de bem tutelado pelo Direito Ambiental brasileiro, em

---

[53] IV – DOAÇÃO DE GAMETAS OU EMBRIÕES. 1. A doação não poderá ter caráter lucrativo ou comercial.

[54] A incomerciabilidade dos embriões *in vitro*, por exemplo, não impede a disponibilização deles para pesquisa e terapia de células-tronco (Resolução CFM n. 2.320/2022).

sentido oposto ao que sustenta Ivan de Oliveira Silva (2008, p. 134), para quem a manipulação genética recebeu um tratamento reservado ao meio ambiente.

Embora seja o embrião *in vitro* inalienável, porquanto vedada sua instrumentalização econômica, na hipótese de ser diagnosticado como inviável, a Resolução CFM n. 2.320/2022 (VI, 1) permite que seja doado para pesquisa e terapia ou descartado.

Todavia, o descarte dos embriões *in vitro* autorizado pela Resolução CFM n. 2.320/2022 encontra óbice na natureza jurídica de bem jurídico fundamental, que possui caráter de interesse difuso, mostrando-se adequada a destinação para pesquisa e terapia, ora prevista na Lei de Biossegurança.

Em suma, mais adequado à tutela dos embriões *in vitro* seria admitir o descarte somente na hipótese de não servirem para uso em pesquisa e terapia. Nesse sentido, agiu bem o legislador brasileiro quando apenas previu a possibilidade de uso em pesquisa e terapia dos embriões excedentários não utilizados em procedimento de RA.

Capítulo 8

BREVE ANÁLISE DA ADI 3.510

No julgamento da Ação Direta de Inconstitucionalidade (ADI) n. 3.510, na qual foi impugnada a constitucionalidade do art. 5º da Lei n. 11.105, de 24 de março de 2005 (Lei de Biossegurança – LB), o Supremo Tribunal Federal decidiu que não há violação ao direito à vida, no uso de células-tronco embrionárias em pesquisas para fins terapêuticos, bem como que tal controvérsia constitucional não guarda vinculação com o problema do aborto, pois o experimento *in vitro* não principia a gestação, e tampouco é suscetível de progressão reprodutiva.

De acordo com o STF, o art. 5º da Lei de Biossegurança tutela o direito fundamental à vida digna, por meio da efetivação dos direitos à saúde, ao planejamento familiar e à liberdade de expressão científica, por meio da permissão para realização da pesquisa de células-tronco embrionárias (BRASIL, 2010).

O STF entendeu, ainda, que não lhe cabe decidir qual pesquisa é mais promissora, se com células-tronco adultas ou embrionárias, uma vez que ambas são mutuamente complementares, e não excludentes, apresentando a Lei de Biossegurança suficiente cautela com a dignidade de toda forma de vida humana, por meio das restrições impostas à condução das pesquisas (BRASIL, 2010).

Além disso, acerca da pesquisa com células-tronco embrionárias incide a regra do § 1º do art. 218 da Constituição, no sentido de que o Estado promoverá e incentivará o desenvolvimento científico, a pesquisa e a capacitação tecnológicas, dotando a LB do necessário fundamento para afastar qualquer invalidade jurídica (BRASIL, 2010).

Assim, pelo STF foi reconhecida a legitimidade das pesquisas para enfrentar patologias limitantes e degradantes da vida, sem implicar desprezo ao embrião *in vitro*, porquanto, apesar de não lhe ter sido reconhecida uma dignidade equivalente à do ser humano, o ordenamento proíbe seu uso indiscriminado. De outro lado, ressalvou-se a firme disposição da Lei de Biossegurança em superar o infortúnio alheio, por meio da pesquisa e terapia que visam beneficiar a saúde de pessoas em sofrimento, contemplada como direito de natureza fundamental e garantida mediante ações e serviços, que tornem possível uma vida digna (BRASIL, 2010).

Além disso, em relação à tutela do ordenamento jurídico, o STF asseverou que o início da vida humana não teria sido tratado pela Constituição, a qual se reporta ao indivíduo-pessoa como destinatário dos direitos fundamentais à vida, à liberdade, à igualdade, à segurança, à propriedade, à saúde e ao planejamento familiar, distinguindo-se as três realidades do embrião, feto e pessoa humana. Por outro lado, conquanto o embrião pré-implante não seja o mesmo que um ser humano autônomo, ele constitui um bem protegido pelo direito comum, ainda que não no sentido biográfico de uma pessoa (BRASIL, 2010).

Em relação à autonomia reprodutiva dos sujeitos, o STF afirmou que a decisão por uma descendência exprime o direito ao planejamento familiar, com fundamento no princípio da dignidade da pessoa humana e da paternidade responsável, sem que se fale em qualquer dever jurídico de aproveitamento reprodutivo de todos os embriões geneticamente viáveis, sob pena de incorrer-se em tratamento desumano ou degradante para a mulher, caso seja obrigada a engravidar de todos os embriões fertilizados (BRASIL, 2010).

Desse modo, nota-se que o pedido de declaração de inconstitucionalidade feito pelo Procurador-Geral da República partiu do argumento concepcionista de que a vida humana começa com a fecundação, de modo que as posições jurídicas enfrentadas na ADI 3.510 giraram em torno da questão referente à possibilidade de violação ao direito à vida e da dignidade da pessoa humana, na pesquisa com células-tronco embrionárias.

Em virtude da abordagem feita a diversos conceitos médicos e científicos, Sá e Naves (2018, p. 186) chamam a atenção para o predomínio do fundamento biológico sobre o jurídico no debate constitucional, que consiste no fenômeno denominado "medicalização do Direito", característico de muitos dos argumentos utilizados pelo Procurador-Geral da República, ao citar diversos autores especializados nas ciências médicas.

Em análise da ADI 3.510, Ana Claudia Saldanha (2015, p. 93) considera que a decisão do STF avalizou o entendimento da Comissão de Warnock ao reconhecer a figura do pré-embrião, diferenciando-o do feto, visto que, no estágio pré-embrionário, permite-se a manipulação genética em laboratórios especializados, enquanto no estágio do feto, em que ocorre o desenvolvimento humano intrauterino, não seria admitido nenhum tipo de manipulação genética que traga riscos de vida.

Todavia, discorda-se de que tenha sido endossada no julgamento da ADI 3.510 a figura do pré-embrião, visto que, apesar de constar na Resolução n. 2.320/2022 do Conselho Federal de Medicina (CFM) o tempo máximo de 14 dias de desenvolvimento biológico em laboratório, constata-se que o fundamento para pesquisas e terapias de células-tronco embrionárias não decorre puramente do estágio evolutivo dos embriões *in vitro*, mas sim da origem e do fato de serem extracorpóreos, que os distinguem dos nascituros, estes sim intracorpóreos e merecedores de consideração específica quanto à possível vida humana.

Assim, mesmo que ultrapassado o tempo máximo de 14 dias de desenvolvimento do embrião *in vitro* em laboratório, a natureza da tutela continua a mesma, inexistindo, até o momento, classes de embriões com menos ou mais de 14 dias de reprodução celular, segundo o ordenamento jurídico.

Sobre o marco inicial da personalidade humana, Francisco Ilídio Ferreira Rocha (2017, p. 205-206) afirma que seria um equívoco atrelar a dignidade à prévia obtenção da personalidade, visto que esta é um atributo jurídico decorrente da dignidade inerente ao ser humano, razão pela qual não seria pertinente tratar com indiferença jurídica e axiológica o embrião *in vitro*.

Francisco Ilídio[55] (2017, p. 213-217) aponta, ainda, que foram reconhecidas na ADI 3.510 duas elementares para diferenciar o embrião viável congelado do nascituro, que se desenvolve dentro do útero, quais sejam: tempo e lugar. Com bases nos mencionados critérios, Francisco Ilídio aponta que, no julgamento da ADI 3.510, somente o embrião *in utero* foi incluído na tutela constitucional da vida humana, e por isso é

55 O art. 1º da Constituição da República Federativa do Brasil define o pluralismo político, no inciso V, como um de seus fundamentos.

protegido, não em razão de qualidades intrínsecas, mas em função do lugar em que se encontra.

Contudo, admitindo-se que o critério do lugar tenha sido adotado pelo ordenamento jurídico, isso se justifica apenas para diferenciar o embrião *in vitro* do nascituro, visto que ambos são protegidos de formas diferentes, caso contrário os genitores poderiam fazer o que bem entendessem com seus embriões congelados, o que é vedado pela Lei de Biossegurança.

Desse modo, é possível concluir que a realização de pesquisas e terapias com células-tronco embrionárias não acarreta desproteção para o embrião *in vitro*, considerando as vedações legais de manipulação genética e de sua exclusão do comércio.

Tampouco a tutela jurídica dirigida ao embrião *in vitro* significa um *status* de dignidade, mas sim uma consideração especial do ordenamento jurídico, em virtude dos valores que aquele carrega para a humanidade.

Cabe, por fim, reconhecer a possibilidade de conciliar o argumento favorável à pesquisa e terapia de células-tronco embrionárias com o exercício do direito reprodutivo entre aqueles que pensam ser a concepção o início da personalidade, optando pela transferência de todos os embriões fertilizados, em um ou mais ciclos, e aqueles que pensam ser o embrião *in vitro* um bem jurídico fundamental, passível de ser utilizado em pesquisa e terapia, beneficiando a coletividade, quando existir um excedente não mais desejado.

Capítulo 9

ALTERNATIVA PROPOSITIVA PARA A TUTELA DOS DIREITOS FUNDAMENTAIS REPRODUTIVOS E DE LIVRE PLANEJAMENTO FAMILIAR

A relação entre Direito e o avanço biomédico se torna evidente ante sua repercussão sobre as liberdades individuais e os interesses das presentes e futuras gerações, na manutenção das condições indispensáveis à sobrevivência da espécie, de maneira digna.

Com relação ao panorama geral ético, enfatiza-se o dilema da possibilidade de manipulação de nossa natureza com as descobertas científicas, além da variedade de conflitos do Direito medicalizado, os quais produzem reflexões sobre o sentido da vida digna ou de rotular algo como digno de existência e desenvolvimento.

Reafirma-se a legitimidade do Conselho Federal de Medicina para amparar as condutas e definir as responsabilidades dos profissionais médicos, bem como para interpretar a repercussão das técnicas de reprodução assistida (RA) para o exercício pelos pacientes de seus direitos constitucionais, assegurando respeito aos princípios bioéticos reconhecidos internacionalmente, de acordo com o fundamento que pode ser encontrado na obra de Peter Häberle (2013). Esse autor, como resposta ao problema da teoria da Constituição acerca dos participantes da interpretação, afirma que não é possível estabelecer um elenco fixo de intérpretes da Constituição, devendo os critérios de interpretação ser tanto mais abertos quanto for pluralista a sociedade.

Outrossim, com base nas lições de Agamben (2010), é possível compreender o processo de inclusão das situações envolvendo os embriões produzidos por fertilização *in vitro* pelo Direito, por meio da exclusão, como característica da política moderna, que faz coincidir, progressivamente, o espaço da vida nua com o espaço da atual biopolítica.

No decorrer da investigação também foi possível perceber a importância da reflexão filosófica realizada pela bioética na identificação e solução de conflitos, a partir da preocupação com o correto agir do homem nas pesquisas e aplicações produzidas pelo progresso biomédico.

Não menos relevante, verifica-se que o biodireito fornece os fundamentos e principiologia jurídica necessários para encontrar a decisão correta em situações de conflito, visto que apenas a ordem pragmática é dotada da indispensável coercibilidade, apesar de não abrir mão da bioética, como ordem normativa auxiliar para sua formulação e aplicação.

Em relação às teorias elaboradas para determinar o início da vida humana, como termo inicial para atribuição de personalidade e proteção jurídicas, verificou-se que elas apresentam a mesma premissa de medir o estágio do desenvolvimento embrionário, segundo aspectos temporal e estrutural, carecendo, portanto, de resolutividade frente à possibilidade de novas descobertas decorrentes do progresso técnico-científico.

Isso porque, com o devido respeito à racionalidade de todas as teorias sobre o início da personalidade jurídica, compreende-se que existem situações existenciais juridicamente relevantes, como é o caso do embrião *in vitro*, que não precisa, portanto, ser alçado à condição de pessoa para ser tutelado como centro de imputação normativa, enquanto bem jurídico fundamental personalíssimo, de inegável importância para pesquisas com fins de cura e terapia de diversas doenças.

Assim, a tutela aplicada ao embrião *in vitro* é realizada pelo ordenamento com base em regras e princípios que o qualificam como bem jurídico individuado ou interesse merecedor de tutela diferenciada, em virtude do dever estatal de preservação da diversidade e integridade do patrimônio genético do País, mediante o necessário consentimento livre e esclarecido dos genitores.

Tendo em vista que os benefícios da pesquisa e terapia com células-tronco embrionárias atingem uma multiplicidade de sujeitos, bem como diante da impossibilidade de fracionamento dos embriões *in vitro*, constata-se a existência de um interesse difuso, que se dirige à proteção legal conferida aos embriões. Assim, justifica-se a imposição de limites, que, no entanto, devem ceder em favor dos direitos fundamentais reprodutivos e de liberdade de planejamento familiar das pessoas.

Com base na perspectiva histórica dos direitos fundamentais é possível perceber que a evolução e o gradual reconhecimento desses direitos são provas de que não existem direitos por natureza, bem como de que o direito ao livre planejamento familiar apresenta nítido vínculo com o direito à liberdade, com base no qual se exige a análise das limitações impostas pelo Estado, a fim de evitar retrocessos de todas as conquistas alcançadas pelos movimentos feministas e de direitos humanos.

Além disso, apenas se pode pensar no relativismo dos direitos fundamentais em situação de concorrência com outros direitos de mesma natureza. Por isso, entende-se que, inexistindo um direito fundamental de manutenção de embriões congelados por três anos, a criação de uma obrigação legal em tal sentido constitui uma violação aos direitos reprodutivos e de livre planejamento familiar dos genitores.

Não fosse isso bastante, qualquer limitação a um direito deve observar uma racionalidade, o que não ocorre em relação ao dever legal de aguardar o prazo de três anos para uso de embriões *in vitro* excedentários em pesquisa e terapia de células-tronco, como se houvesse um pre tenso direito a não fazer uso em pesquisa e terapia durante determinado tempo.

Por outro lado, a regra que permite a doação para pesquisa e terapia (art. 5º da LB) funciona como uma limitação intrínseca justificável, que se coaduna ao direito subjetivo do titular, além do que a proibição de comercialização oferece proteção ao patrimônio genético contido nos embriões, impedindo que sejam tratados como mera coisa, assim como a vedação de engenharia genética em organismo vivo e em célula germinal, zigoto e embrião humanos visa à proteção do referido patrimônio genético humano.

Com base na teoria das bases derivativas e independentes de Ronald Dworkin (2009), conclui-se que tanto a Resolução CFM n. 2.320/2022 quanto a Lei de Biossegurança, ao fixarem o dever de congelamento para o uso em pesquisa e terapia dos embriões *in vitro*, baseiam-se, equivocadamente, em razões "independentes", porquanto desprezam o fato de que os sujeitos são a origem de onde derivam os interesses de proteção dos embriões congelados, portanto a eles deve ser assegurado o exercício do direito de decidir, a qualquer tempo, sobre a destinação dos embriões não utilizados no procedimento de RA.

Dessarte, a viabilidade do embrião excedentário não deve impedir o exercício do direito de livre planejamento familiar, ante as desvantagens da criopreservação, em comparação às possíveis vantagens para a coletividade, com o progresso científico, por meio do combate a diversas doenças, diminuindo o sofrimento humano, em razão do potencial regenerativo das células-tronco embrionárias.

Ademais, sendo a decisão em matéria reprodutiva uma liberdade básica garantida na Constituição Federal como direito fundamental, fundado na livre expressão da personalidade individual, não deve Estado se colocar contra, sem uma razão inexorável, consoante o preceito do art. 5º, X, da Constituição, que declara "invioláveis a intimidade, a vida privada", sem que se admitam interferência externas.

Nesse passo, o dever de congelamento de embriões viáveis pelo prazo de três anos somente se justifica para assegurar o exercício do livre planejamento familiar, enquanto direito fundamental dos genitores, considerando que não são vistas como legítimas as restrições de liberdades, baseadas em conceitos transitórios que, na prática, incorrem em um determinismo biológico, presente na classificação de embriões inviáveis como categorias indignas de reconhecimento de tutela estatal, como se fosse possível saber quais virtudes ou condições biológicas são relevantes para determinar a viabilidade para o nascimento de um ser humano.

Deve-se, pois, conferir à expressão viável o sentido de obtenção da gestação viável, a fim de assegurar a plena efetividade dos direitos fundamentais reprodutivos e de livre planejamento familiar, visto que a decisão acerca da transferência caberá sempre aos genitores, de forma livre e esclarecida, independentemente de o embrião ser portador de anomalia genética.

No que tange ao contrato com os sujeitos fontes, percebe-se a importância da livre autodeterminação individual do paciente quanto às vicissitudes jurídicas de seus comportamentos, ficando ainda mais evidente a necessária presença de racionalidade das regras jurídicas, devido à suficiente aptidão para afetar bens jurídicos e direitos fundamentais.

A partir do julgamento da ADI 3.510, observa-se o predomínio do fundamento biológico sobre o jurídico, e de todos os inconvenientes decorrentes da atribuição de dignidade ao embrião *in vitro*, que foram afastados pelo Supremo Tribunal Federal, tendo em vista o reconhecimento da legitimidade das pesquisas que visam beneficiar a saúde de pessoas em sofrimento, contemplada como direito de natureza fundamental e garantida mediante ações e serviços que tornem possível uma vida digna.

Além disso, consistindo o embrião em bem jurídico fundamental e centro de imputação normativa, verifica-se que o fato de ser ele uma coisa fora do comércio se coaduna com o interesse difuso de continuidade da espécie, em função do qual se considera suficiente a proteção já conferida pelo ordenamento jurídico, mediante sua ressignificação.

Assim, fica evidenciado que não é plausível limitar o tempo para o exercício do planejamento familiar por meio do dever de congelar embriões excedentários, em detrimento de um planejamento familiar previsto como direito fundamental, quando em prol deste é possível encontrar um caminho promotor de tutela jurídica que também preserve suficiente proteção jurídica ao embrião *in vitro*.

Seguramente, dúvidas não há de que a lei põe a salvo os direitos do nascituro desde a concepção, só reconhecendo a existência de situações subjetivas pertinentes à vida embrionária quando ultrapassada a etapa da nidação no útero, nos termos do art. 2º do Código Civil. Porém, para o embrião concebido artificialmente *in vitro*, o tratamento legal dispensado tem em vista outros interesses, que não consistem em pôr a salvo seus direitos, ora inexistentes.

Em relação ao *status* do embrião *in vitro*, ao invés de se recorrer à categorização de novos personagens, a ressignificação daquele, enquanto objeto de direito e centro de imputação normativa, reflete a tendência moderna de releitura de institutos e categorias para atender às demandas do mundo contemporâneo, pois, conforme ensinam Lima e Sá (LIMA; SÁ. *In*: BRANDÃO; MORAES; TEODORO, 2018, p. 155-170), acrescenta-se, ainda, a vantagem de a ressignificação do objeto de direito evitar a invenção de mais sujeitos de direitos, e a consequente multiplicação de conflitos de interesses antagônicos que podem surgir entre eles.

De outra banda, deve-se ter em vista que a Constituição Federal não estendeu ao embrião extrauterino a inviolabilidade do direito à vida, e mesmo a legislação infraconstitucional, em especial o Código Penal, não assegura tal direito de vida absoluto ao embrião intrauterino se a gravidez resultar em risco à vida da gestante ou decorrer de estupro, ficando autorizado o aborto, conforme dicção do art. 128, I e II, do Código Penal.

Nesse sentido, reclama-se o reconhecimento de maior espaço de autonomia aos sujeitos, que, na qualidade de pacientes, estão legitimados a decidir pela uso em pesquisa de seus embriões excedentários, independentemente de prazos, sejam eles viáveis ou inviáveis, como alternativa ao enorme excedente congelado em clínicas, atentando para a concretização dos direitos fundamentais reprodutivos, de liberdade de planejamento e de livre expressão da pesquisa científica, sem olvidar os princípios bioéticos e biojurídicos.

Outrossim, ainda que se pondere pelo estabelecimento em lei de um tempo necessário de desenvolvimento embrionário para evitar que seja necessário congelar todos os embriões excedentários, evitando-se a deterioração devido a constantes perdas de blastômeros no processamento, ainda se esbarra na indefinição de um marco biológico, alvo de discussão das teorias que tratam das realidades pré-nascimento.

Outro caminho consiste em converter o atual dever legal de congelamento de três anos em prazo de reflexão, dentro do qual os sujeitos podem optar, a qualquer tempo, pelo uso em pesquisa e terapia do excedente, nos termos previstos pela Resolução CFM n. 2.320/2022 (item V, 5).

Considera-se, ainda, essencial para resolução do conflito entre os direitos dos genitores e os interesses da coletividade a adoção da intervenção estatal permissiva, em que se reconhece autonomia relativa ao sujeito livre, consciente e igual, fornecendo uma regulamentação, de maneira branda, como garantia da estabilidade das relações jurídicas.

Quanto ao dever de respeito aos quatro referenciais básicos da bioética, constata-se que a autonomia dos pacientes é violada pelo dever legal de congelar os embriões excedentários, tendo em vista a desconsideração prévia acerca da vontade dos genitores; não há qualquer beneficência decorrente do congelamento de embriões, ocorrendo, na verdade, a maleficência, em virtude da possibilidade maior de deterioração, e prejuízos financeiros aos sujeitos, que custearam a aplicação das técnicas de criopreservação; e a justiça é mitigada com o número reduzido de embriões *in vitro* servíveis para pesquisa e terapia de doenças degenerativas.

Com relação aos princípios biojurídicos, verifica-se que a pesquisa e terapia atende, de forma segura, à precaução, visto que a própria Lei de Biossegurança autoriza sua realização; o princípio da autonomia não é satisfatoriamente assegurado com a imposição legal de um dever de congelar embriões, pois os genitores não podem decidir, de forma livre, o destino dos excedentes viáveis, fora a hipótese de uso em reprodução assistida; o princípio da responsabilidade é observado com a realização de pesquisa e terapia de células-tronco embrionárias, haja vista a suficiente compreensão atual dos benefícios e riscos passíveis de serem causados à saúde humana e ao meio ambiente; e o princípio da dignidade da pessoa humana não é contemplado de forma positiva, em função da possibilidade bastante reduzida de superar o infortúnio alheio, por meio da pesquisa e terapia, considerando que o dever de criopreservação reduz as chances de experimentações.

Em vista de todo o exposto, conclui-se que a tutela dos direitos fundamentais reprodutivos e de livre planejamento familiar das pessoas pela Constituição Federal de 1988 contrasta com o dever de congelamento de embriões excedentários, previsto na Lei n. 11.105/2005, resultando na seguinte conclusão: é inconstitucional o inciso II do art. 5º do referido diploma legal, diante da ilegítima restrição aos direitos fundamentais reprodutivos e de livre planejamento familiar.

REFERÊNCIAS

AGAMBEN, Giorgio. *Homo sacer*: o poder soberano e a vida nua I. Tradução de Henrique Burigo. 2. ed. Belo Horizonte: UFMG, 2010.

AGÊNCIA NACIONAL DE VIGILÂNCIA SANITÁRIA (Anvisa). Reprodução humana assistida: número de embriões criopreservados cresce 17% no país. *Anvisa Notícias*, Brasília, 16 maio 2018. Disponível em: http://portal.anvisa.gov.br/noticias/-/asset_publisher/FXrpx9qY7FbU/content/numero-de-embrioes-criopreservados-cresce-17-no-pais/219201/pop_up?inheritRedirect=false. Acesso em: 22 maio 2019.

ALMEIDA, Renata Barbosa de; RODRIGUES JÚNIOR, Walsir Edson. *Direito civil*: famílias. 2. ed. São Paulo: Atlas, 2012.

ALVARENGA, Raquel de Lima Leite Soares. Considerações sobre o congelamento de embriões. *In*: ROMEO-CASABONA, Carlos María; QUEIROZ, Juliane Fernandes. Biotecnologia e suas implicações ético-jurídicas. Belo Horizonte: Del Rey, 2004. p. 229-247.

AVIV, Rachel. O que significa morrer? Os esforços de uma mãe para provar que sua filha ainda está viva – e como isso colocou em questão a definição de morte cerebral. *Revista Piauí*, edição 139, abr. 2018. Disponível em: https://piaui.folha.uol.com.br/materia/o-que-significa-morrer. Acesso em: 22 dez. 2019.

BARBOZA, Heloisa Helena. Proteção jurídica do embrião humano. *In:* ROMEO-CASABONA, Carlos María; QUEIROZ, Juliane Fernandes (coord.). *Biotecnologia e suas implicações ético-jurídicas*. Belo Horizonte: Del Rey, 2004. p. 248-270.

BARROS, Renata Furtado de. *Destino de embriões excedentes*: um estudo dessa problemática nos países do Mercosul. 2010. Dissertação (Mestrado em Direito) – Pontifícia Universidade Católica de Minas Gerais, Belo Horizonte, 2010. Disponível em: http://www.biblioteca.pucminas.br/teses/Direito_BarrosRF_1.pdf. Acesso em: 23 set. 2019.

BARROSO, Luís Roberto. *Curso de direito constitucional contemporâneo*: os conceitos fundamentais e a constituição do novo modelo. São Paulo: Saraiva, 2009.

BELLUCK, Pam. Qualificações de aborto na pílula do dia seguinte podem ser infundadas. *The New York Times*. NYC, 5 jun. 2012. Disponível em: https://www.nytimes.com/2012/06/06/health/research/morning-after--pills-dont-block-implantation-science-suggests.html. Acesso em: 27 ago. 2019.

BERIAIN, Iñigo de Miguel. A biotecnologia é uma ameaça para o Direito? *In*: ROMEO-CASABONA, Carlos María; SÁ, Maria de Fátima Freire de (org.). *Desafios jurídicos da biotecnologia*. Belo Horizonte: Mandamentos, 2007. p. 77-106.

BITTAR, Eduardo C. B. *Introdução ao estudo do direito*: humanismo, democracia e justiça. 2. ed. rev. e ampl. São Paulo: Saraiva Educação, 2019.

BOBBIO, Norberto. *A era dos direitos*. Tradução de Carlos Nelson Coutinho. Apresentação de Celso Lafer. Rio de Janeiro: Elsevier, 2004.

BRANDÃO, Cláudio; MORAES, Flaviane Barros Bolzan; TEODORO, Maria Cecília Máximo (coord.). *Democracia, autonomia privada e regulação*: vinte anos do programa de pós-graduação em Direito da PUC Minas – estudos em homenagem ao professor César Fiuza. Belo Horizonte: D'Plácido, 2018. v. 1.

BRASIL. Conselho da Justiça Federal. *Enunciado 256*: III Jornada de Direito Civil. Brasília: CJF, [2016]. Disponível em: http://www.cjf.jus.br/enunciados/enunciado/501. Acesso em: 17 nov. 2018.

BRASIL. *Constituição da República Federativa do Brasil de 1988*. Brasília: Presidência da República, [2022]. Disponível em: http://www.planalto.gov.br/ccivil_03/constituicao/constituicao.htm. Acesso em: 27 abr. 2022.

BRASIL. *Decreto n. 5.591, de 22 de novembro de 2005*. Regulamenta dispositivos da Lei n. 11.105, de 24 de março de 2005, que regulamenta os incisos II, IV e V do § 1º do art. 225 da Constituição, e dá outras providências. Brasília: Presidência da República, 2005. Disponível em: http://www.planalto.gov.br/ccivil_03/_ato2004-2006/2005/Decreto/D5591.htm. Acesso em: 4 jun. 2019.

BRASIL. *Decreto-lei n. 2.484, de 7 de dezembro de 1940*. Código Penal. Rio de Janeiro, 7 de dezembro de 1940. Disponível em: https://www.planalto.gov.br/ccivil03/decreto-lei/del2848compilado.htm. Acesso em: 4 jun. 2019.

BRASIL. *Lei n. 3.268, de 30 de setembro de 1957.* Dispõe sobre os Conselhos de Medicina, e dá outras providências. Brasília: Presidência da República, [2013]. Disponível em: http://www.planalto.gov.br/ccivil_03/LEIS/L3268.htm. Acesso em: 27 nov. 2018.

BRASIL. *Lei n. 8.078, de 11 de setembro de 1990.* Dispõe sobre a proteção do consumidor e dá outras providências. Brasília: Presidência da República, [2017]. Disponível em: http://www.planalto.gov.br/ccivil_03/leis/l8078.htm. Acesso em: 14 jan. 2020.

BRASIL. Lei n. 8.974, de 5 de janeiro de 1995. Regulamenta os incisos II e V do § 1º do art. 225 da Constituição Federal, estabelece normas para o uso das técnicas de engenharia genética e liberação no meio ambiente de organismos geneticamente modificados, autoriza o Poder Executivo a criar, no âmbito da Presidência da República, a Comissão Técnica Nacional de Biossegurança, e dá outras providências. *Diário Oficial da União*, Brasília, DF, ano 107, 6 jan. 1995.

BRASIL. *Lei n. 9.263, de 12 de janeiro de 1996.* Regula o § 7º do art. 226 da Constituição Federal, que trata do planejamento familiar, estabelece penalidades e dá outras providências. Brasília, 12 de janeiro de 1996. Disponível em: http://www.planalto.gov.br/ccivil_03/LEIS/L9263.htm. Acesso em: 5 set. 2018.

BRASIL. *Lei n. 10.406, de 10 de janeiro de 2002.* Institui o Código Civil. Brasília, 10 de janeiro de 2002. Disponível em: http://www.planalto.gov.br/ccivil_03/leis/2002/l10406compilada.htm. Acesso em: 5 set. 2018.

BRASIL. *Lei n. 11.105, de 24 de março de 2005.* Regulamenta os incisos II, IV e V do § 1º do art. 225 da Constituição Federal, estabelece normas de segurança e mecanismos de fiscalização de atividades que envolvam organismos geneticamente modificados – OGM e seus derivados [...]. Brasília, DF: Presidência da República, [2007]. Disponível em: http://www.planalto.gov.br/ccivil_03/_Ato2004-2006/2005/Lei/L11105.htm. Acesso em: 5 set. 2018.

BRASIL. Lei n. 11.794, de 8 de outubro de 2008. Brasília, *Diário Oficial da União*, 9 out. 2008. Disponível em: http://www.planalto.gov.br/ccivil03/ato2007-2010/2008/lei/l11794.htm. Acesso em: 22 set. 2019.

BRASIL. Superior Tribunal de Justiça (4. Turma). Recurso Especial 1.918.421-SP. Inexistência de negativa de prestação jurisdicional. Impossibilidade de análise de ofensa a atos normativos *interna corporis*. Reprodução humana assistida. Regulamentação. Atos normativos e administrativos. Prevalência da transparência e consentimento expresso acerca dos procedimentos.

Embriões excedentários. Possibilidade de implantação, doação, descarte e pesquisa. Lei de Biossegurança. Reprodução Assistida *Post Mortem*. Possibilidade. Autorização expressa e formal. Testamento ou documento análogo. Planejamento familiar. Autonomia e liberdade pessoal. Relator para Acórdão: Min. Luis Felipe Salomão, 8 de junho de 2021. *Diário de Justiça Eletrônico*, Brasília, 26 jun. 2021. Disponível em: https://scon.stj.jus.br/SCON/GetInteiroTeorDoAcordao?num_registro=202100242516&dt_publicacao=26/08/2021. Acesso em: 26 fev. 2022.

BRASIL. Supremo Tribunal Federal. *Arguição de Descumprimento de Preceito Fundamental n. 442*. Relator: Min. Rosa Weber. Processo Número Único: 0002062-31.2017.1.00.0000. Data de Autuação: 08.03.2017. Reqte.(s): Partido Socialismo e Liberdade (P-SOL). Disponível em: https://redir.stf.jus.br/estfvisualizadorpub/jsp/consultarprocessoeletronico/ConsultarProcessoEletronico.jsf?seqobjetoincidente=5144865. Acesso em: 5 set. 2018.

BRASIL. Supremo Tribunal Federal (1. Turma). *Habeas Corpus* 124306-RJ. Direito processual penal. *Habeas corpus*. Prisão preventiva. Ausência dos requisitos para sua decretação. inconstitucionalidade da incidência do tipo penal do aborto no caso de interrupção voluntária da gestação no primeiro trimestre. Ordem concedida de ofício. Relator(a): Min. Marco Aurélio, Relator(a) p/ Acórdão: Min. Roberto Barroso, 9 de agosto de 2016. *Diário de Justiça Eletrônico*, Brasília, 16 mar. 2017. Disponível em: https://redir.stf.jus.br/paginadorpub/paginador.jsp?docTP=TP&docID=12580345. Acesso em: 26 fev. 2022.

BRASIL. Supremo Tribunal Federal (2. Turma). Recurso Extraordinário 201.819. Sociedade civil sem fins lucrativos. União Brasileira de Compositores. Exclusão de sócio sem garantia da ampla defesa e do contraditório. Eficácia dos direitos fundamentais nas relações privadas. Recurso desprovido. Relatora: Min. Ellen Gracie, 11 de outubro de 2006. *Diário de Justiça Eletrônico*, Brasília, 27 out. 2006. Disponível em: https://redir.stf.jus.br/paginadorpub/paginador.jsp?docTP=AC&docID=388784. Acesso em: 2 abr. 2022.

BRASIL. Supremo Tribunal Federal (Tribunal Pleno). Ação Direta de Inconstitucionalidade 3.510. Lei de Biossegurança. Impugnação em bloco do art. 5º da Lei n. 11.105, de 24 de marco de 2005 (Lei de Biossegurança). Pesquisas com células-tronco embrionárias. Inexistência de violação do direito à vida. Constitucionalidade do uso de células-tronco embrionárias em pesquisas científicas para fins terapêuticos. Descaracterização do aborto. Normas constitucionais conformadoras do direito fundamental a uma vida digna, que passa pelo direito à saúde e ao planejamento familiar. Descabimento de utilização da técnica de interpretação conforme para aditar à Lei de Biossegurança controles desnecessários que implicam restrições às pesquisas e terapias por ela visadas. Improcedência total da ação. Relator: Min. Ayres Britto, 29 de maio de 2008. *DJe*, Brasília, n. 96, 28 maio 2010, Ementário n. 2403 – 1. Disponível em: http://redir.stf.jus.br/paginadorpub/paginador.jsp?docTP=AC&docID=611723. Acesso em: 1 jul. 2018.

BRASIL. Supremo Tribunal Federal (Tribunal Pleno). Arguição de Descumprimento de Preceito Fundamental n. 54. Estado – Laicidade. O Brasil é uma república laica, surgindo absolutamente neutro quanto às religiões. Considerações. Feto anencéfalo – Interrupção da gravidez – Mulher – Liberdade sexual e reprodutiva – Saúde – Dignidade – Autodeterminação – Direitos fundamentais – Crime – Inexistência. Mostra-se inconstitucional interpretação de a interrupção da gravidez de feto anencéfalo ser conduta tipificada nos artigos 124, 126 e 128, incisos I e II, do Código Penal. Relator: Min. Marco Aurélio, 12 de abril de 2012. *Diário de Justiça Eletrônico*, Brasília, 10 maio 2013. Disponível em: http://portal.stf.jus.br/processos/detalhe.asp?incidente=2226954. Acesso em: 5 set. 2018.

BRASIL. Supremo Tribunal Federal (Tribunal Pleno). Recurso Extraordinário 898.060/SC. Repercussão Geral reconhecida. Direito Civil e Constitucional. Conflito entre paternidades socioafetiva e biológica. Paradigma do casamento. Superação pela Constituição de 1988. Eixo central do Direito de Família: deslocamento para o plano constitucional. Sobreprincípio da dignidade humana (art. 1º, III, da CRFB). Superação de óbices legais ao pleno desenvolvimento das famílias. Direito à busca da felicidade. Princípio constitucional implícito. Indivíduo como centro do ordenamento jurídico-político. Impossibilidade de redução das realidades familiares a modelos pré-concebidos. Atipicidade constitucional do conceito de entidades familiares. União estável (art. 226, § 3º, CRFB) e família monoparental (art. 226, § 4º, CRFB). Vedação à discriminação e hierarquização entre espécies de filiação (art. 227, § 6º, CRFB). Parentalidade presuntiva, biológica ou afetiva. Necessidade de tutela jurídica ampla. Multiplicidade de vínculos parentais. Reconhecimento concomitante. Possibilidade. Pluriparentalidade. Princípio da paternidade responsável (art. 226, § 7º, CRFB). Recurso a que se nega provimento. Fixação de tese para aplicação a casos semelhantes. Relator: Min. Luiz Fux, 21 de setembro de 2016. *Diário de Justiça Eletrônico*, Brasília, 24 ago. 2017. Disponível em: http://redir.stf.jus.br/paginadorpub/paginador.jsp?docTP=TP&docID=13431919. Acesso em: 27 fev. 2019.

CLEMENTE, Augusto Junior; JULIANO, Maíra Cabral. *Do Estado moderno ao contemporâneo*: reflexões teóricas sobre sua trajetória. Curitiba: Intersaberes, 2017.

CONSELHO NACIONAL DE JUSTIÇA (Brasil). Provimento n. 63, de 14 de novembro de 2017. Institui modelos únicos de certidão de nascimento, de casamento e de óbito, a serem adotadas pelos ofícios de registro civil das pessoas naturais, e dispõe sobre o reconhecimento voluntário e a averbação da paternidade e maternidade socioafetiva no Livro "A" e sobre o registro de nascimento e emissão da respectiva certidão dos filhos havidos por reprodução assistida. *Diário de Justiça Eletrônico*, Brasília, n. 191, 17 nov. 2017. Disponível em: https://atos.cnj.jus.br/atos/detalhar/2525. Acesso em: 26 jan. 2019.

CONSELHO FEDERAL DE MEDICINA (Brasil). *Código de Ética Médica*: Resolução CFM n. 2.217, de 27 de setembro de 2018, modificada pelas Resoluções CFM n. 2.222/2018 e 2.226/2019. – Brasília: Conselho Federal de Medicina, 2019. Disponível em: https://portal.cfm.org.br/images/PDF/cem2019.pdf. Acesso em: 28 set. 2020.

CONSELHO FEDERAL DE MEDICINA (Brasil). *Resolução CFM n. 1.358/1992*: Adota normas éticas para utilização das técnicas de reprodução assistida. São Paulo, 11 nov. 1992. Disponível em: http://www.portalmedico.org.br/resolucoes/CFM/1992/1358_1992.htm. Acesso em: 30 set. 2019.

CONSELHO FEDERAL DE MEDICINA (Brasil). *Resolução CFM n. 1.811/2006*: Estabelece normas éticas para a utilização, pelos médicos, da Anticoncepção de Emergência, devido a mesma não ferir os dispositivos legais vigentes no país. Brasília, 17 de janeiro de 2007. Disponível em: https://sistemas.cfm.org.br/normas/arquivos/resolucoes/BR/2006/1811_2006.pdf. Acesso em: 30 set. 2019.

CONSELHO FEDERAL DE MEDICINA (Brasil). *Resolução CFM n. 1.957/2010*: Adota normas éticas para utilização das técnicas de reprodução assistida. Brasília, 15 de dezembro de 2010. Disponível em: http://www.portalmedico.org.br/resolucoes/CFM/2010/1957_2010.htm. Acesso em: 30 set. 2019.

CONSELHO FEDERAL DE MEDICINA (Brasil). *Resolução CFM n. 2.013/2013*: Adota normas éticas para utilização das técnicas de reprodução assistida. Brasília, 16 de abril de 2013. Disponível em: http://www.portalmedico.org.br/resolucoes/CFM/2013/2013_2013.pdf. Acesso em: 30 set. 2019.

CONSELHO FEDERAL DE MEDICINA (Brasil). *Resolução CFM n. 2.121/2015*: Adota normas éticas para utilização das técnicas de reprodução assistida. Brasília, 16 de julho de 2015. Disponível em: http://www.portalmedico.org.br/resolucoes/CFM/2015/2121_2015.pdf. Acesso em: 30 set. 2019.

CONSELHO FEDERAL DE MEDICINA (Brasil). *Resolução CFM n. 2.168/2017*: Adota normas éticas para utilização das técnicas de reprodução assistida. Brasília, 21 de setembro de 2017. Disponível em: https://sistemas.cfm.org.br/normas/visualizar/resolucoes/BR/2017/2168. Acesso em: 30 set. 2019.

CONSELHO FEDERAL DE MEDICINA (Brasil). *Resolução CFM n. 2.173/2017*: Define os critérios do diagnóstico de morte encefálica. Brasília, 15 de dezembro de 2017. Disponível em: https://saude.rs.gov.br/upload/arquivos/carga20171205/19140504-resolucao-do-conselho-federal-de-medicina-2173-2017.pdf. Acesso em: 30 set. 2019.

CONSELHO FEDERAL DE MEDICINA (Brasil). *Resolução CFM n. 2.294, de 27 de maio de 2021*: Adota normas éticas para utilização das técnicas de reprodução assistida. Brasília, 15 de junho de 2021. Disponível em: https://sistemas.cfm.org.br/normas/arquivos/resolucoes/BR/2021/2294_2021.pdf. Acesso em: 13 jan. 2022.

CONSELHO FEDERAL DE MEDICINA (Brasil). *Resolução CFM n. 2.320, de 1º de setembro de 2022*: Adota normas éticas para a utilização de técnicas de reprodução assistida. Brasília, 20 de setembro de 2022. Disponível em: https://sistemas.cfm.org.br/normas/visualizar/resolucoes/BR/2022/2320. Acesso em: 13 out. 2022.

CONSELHO NACIONAL DE SAÚDE (Brasil). Resolução n. 466, de 12 de dezembro de 2012. *Diário Oficial da União*, Brasília, 13 jun. 2013. Disponível em: http://bvsms.saude.gov.br/bvs/saudelegis/cns/2013/res0466_12_12_2012.html. Acesso em: 26 jan. 2019.

CONSELHO NACIONAL DE SAÚDE (Brasil). Resolução n. 580, de 22 de março de 2018. *Diário Oficial da União* n. 135, segunda-feira, 16 de julho de 2018, seção 1, p. 55. Disponível em: https://conselho.saude.gov.br/resolucoes/2018/Reso580.pdf. Acesso em: 15 dez. 2019.

CORTE INTERAMERICANA DE DIREITOS HUMANOS (CIDH). *Caso Artavia Murillo Y Otros ("Fecundação* In Vitro"*)* vs. *Costa Rica*. Sentença de 28 de novembro de 2012. São José, Costa Rica, 28 nov. 2012. Disponível em: http://www.corteidh.or.cr/docs/casos/articulos/seriec_257_esp.pdf. Acesso em: 18 dez. 2019.

DALL'AGNOL, Darlei. *Bioética*. Rio de Janeiro: Zahar, 2005.

DECLARAÇÃO DE HELSINQUE. *In*: WIKIPEDIA: a enciclopédia livre. [San Francisco, CA: Wikimedia Foundation, 2017]. Helsinque, jun. 1964. Disponível em: https://pt.wikipedia.org/wiki/Declaração_de_Helsinque. Acesso em: 1 set. 2021.

DONADIO, Nilka Fernandes *et al.* Caracterização da inviabilidade evolutiva de embriões visando doações para pesquisas de células-tronco. *Revista Brasileira de Ginecologia e Obstetrícia: RBGO*, São Paulo, v. 27, n. 11, p. 665-671, nov. 2005.

DWORKIN, Ronald. *Domínio da vida*: aborto, eutanásia e liberdades individuais. Tradução de Jefferson Luiz Camargo. Revisão da tradução de Silvana Vieira. 2. ed. São Paulo: WMF Martins Fontes, 2009.

EMBRIÃO congelado por 8 anos produz bebê. Folha de São Paulo, Ciência, São Paulo, 9 mar. 2008. Disponível em: https://www1.folha.uol.com.br/fsp/ciencia/fe0903200801.htm. Acesso em: 5 out. 2018.

ESTADOS UNIDOS DA AMÉRICA. *Declaração de direitos formulada pelos representantes do bom povo de Virgínia*. Virgínia, 16 jun. 1776. Disponível em: http://www.direitoshumanos.usp.br/index.php/Documentos-anteriores-à-criação-da-Sociedade-das-Nações-até-1919/declaracao-de-direitos-do-bom-povo-de-virginia-1776.html. Acesso em: 10 set. 2019.

FERRAJOLI, Luigi. *Por uma teoria dos direitos e dos bens fundamentais*. Tradução de Alexandre Salim *et al.* Porto Alegre: Livraria do Advogado, 2011. *E-book*.

FERRAZ, Carolina Valença. *Biodireito*: a proteção jurídica do embrião *in vitro*. São Paulo: Verbatim, 2011.

FERREIRA FILHO, Manoel Gonçalves. *Aspectos do direito constitucional contemporâneo*. 3. ed. São Paulo: Saraiva, 2011.

FIUZA, César [org.]. *Autonomia privada*: direitos da personalidade. Belo Horizonte: D'Plácido, 2015.

GEBER, Selmo *et al. Guia de bolso de técnicas de reprodução assistida*. São Paulo: Atheneu, 2016.

GOZZO, Débora. Dupla parentalidade e direito sucessório: a orientação dos Tribunais Superiores brasileiros. *civilistica.com*, v. 6, n. 2, p. 1-23, 30 dez. 2017.

GRECHI, Daniela. *O uso das células-tronco embrionárias*: incertezas e novas promessas para a medicina do futuro. Caxias do Sul: Educs, 2009.

GUERRA, Arthur Magno e Silva. *Direitos fundamentais do embrião na bioconstituição*. Belo Horizonte: D'Plácido, 2015.

HÄBERLE, Peter. Hermenêutica constitucional: a sociedade aberta dos intérpretes da Constituição: contribuição para interpretação pluralista e "procedimental" da Constituição. *Revista Direito Público*, n. 60, nov.-dez. 2013. Assunto Especial – Textos Clássicos. Tradução de Gilmar Ferreira Mendes (Sergio Antonio Fabris Editor). Disponível em: https://www.portaldeperiodicos.idp.edu.br/direitopublico/article/view/2353. Acesso em: 13 jun. 2021.

HABERMAS, Jürgen. *O futuro da natureza humana*: a caminho de uma eugenia liberal? Tradução de Karina Jannini. Revisão da tradução de Eurides Avance de Souza. São Paulo: Martins Fontes, 2004.

HARRIS, John; BORTOLLOTI, Lisa. Investigação com células-tronco, personalidade e consciência. *In*: ROMEO-CASABONA, Carlos María; SÁ, Maria de Fátima Freire de (org.). *Desafios jurídicos da biotecnologia*. Belo Horizonte: Mandamentos, 2007. p. 307-332.

HART, H. L. A. *O conceito de direito*. Pós-escrito organizado por Penelope A. Bulloch e Joseph Raz. Tradução de Antônio de Oliveira Sette-Câmara. Revisão da tradução de Marcelo Brandão Cipolla. Revisão técnica de Luiz Vergílio Dalla-Rosa. São Paulo: WMF Martins Fontes, 2009.

HONDERICH, Holly. Embrião congelado por 27 anos: como casal escolheu o bebê que quebrou recorde. *BBC News*, Washington, 4 dez. 2020. Disponível em: https://www.bbc.com/portuguese/geral-55178686. Acesso em: 1 mar. 2022.

KANT, Immanuel. *A metafísica dos costumes*. 3. ed. Tradução, apresentação e notas de José Lamego. Lisboa: Fundação Calouste Gulbenkian, 2017.

LIMA, Taisa Maria Macena de; SÁ, Maria de Fátima Freire de. A ressignificação de objeto do direito e a proteção dos animais. *In*: BRANDÃO, Cláudio; BARROS, Flaviane; TEODORO, Maria Cecília Máximo (Org.). *Democracia, autonomia privada e regulação:* estudos em homenagem ao professor César Fiuza. Belo Horizonte: D Plácido, 2018. v. 1. p. 155-170.

MAI, Lilian Denise; ANGERAMI, Emília Luigia Saporiti. Eugenia negativa e positiva: significados e contradições. *Revista Latino-Americana de Enfermagem*, São Paulo, v. 14, n. 2, mar./abr. 2006, p. 251-258. Disponível em: http://www.scielo.br/pdf/rlae/v14n2/v14n2a15.pdf. Acesso em: 16 set. 2019.

MARMELSTEIN, George. *Curso de direitos fundamentais*. 7. ed. São Paulo: Atlas, 2018.

MEZZOMO, Lisiane Cervieri *et al*. *Embriologia clínica*. Revisão técnica de Thayne Woycinck Kowalski. Porto Alegre: SAGAH, 2019.

MALUF, Adriana Caldas do Rego Freitas Dabus. *Curso de bioética e biodireito*. 3. ed. São Paulo: Atlas, 2015.

MELO, Helena Pereira de. *Manual de biodireito*. Coimbra: Almedina, 2008.

MONTENEGRO, Sandra Lima Alves. Consentimento informado: regras gerais de conduta estabelecidas por meio de comitês de bioética para reprodução humana assistida. *In*: ROMEO-CASABONA, Carlos María; QUEIROZ, Juliane Fernandes (coord.). *Biotecnologia e suas implicações ético-jurídicas*. Belo Horizonte: Del Rey, 2004. p. 189-206.

MORALES, Maria do Rosario H. Sánchez. Os desafios da biotecnologia humana no século XXI. *In*: ROMEO-CASABONA, Carlos María; SÁ, Maria de Fátima Freire de (org.). *Desafios jurídicos da biotecnologia*. Belo Horizonte: Mandamentos, 2007. p. 231-264.

NAMBA, Edison Tetsuzo. *Manual de bioética e biodireito*. 2. ed. São Paulo: Atlas, 2015.

ORGANIZAÇÃO DAS NAÇÕES UNIDAS. *Declaração Universal dos Direitos Humanos*. Paris, 10 dez. 1948. Disponível em: https://www.ohchr.org/EN/UDHR/Documents/UDHR_Translations/por.pdf. Acesso em: 30 jan. 2019.

ORSELLI, Helena Maria Zanetti de Azeredo. *O status jurídico do pré-embrião humano a partir dos princípios constitucionais do pluralismo e da laicidade*. Curitiba: Prismas, 2016.

PAIVA, Eleuses. *Projeto de Lei n. 4892, de 2012*. Institui o Estatuto da Reprodução Assistida, para regular a aplicação e utilização das técnicas de reprodução humana assistida e seus efeitos no âmbito das relações civis sociais. Brasília: Câmara, 19 dez. 2012. Disponível em: https://www.camara.leg.br/proposicoesWeb/fichadetramitacao?idProposicao=564022. Acesso em: 7 ago. 2019.

PEGORER, Mayara Alice Souza. *Os direitos sexuais e reprodutivos da mulher*: das políticas públicas de gênero à diferença múltipla. Rio de Janeiro: Lumen Juris, 2016.

PEREIRA, Caio Mário da Silva; TEPEDINO, Gustavo. *Responsabilidade civil*. 12. ed. rev., atual. e ampl. Rio de Janeiro: Forense, 2018.

PERLINGIERI, Pietro. *Perfis do direito civil*. Tradução de Maria Cristina De Cicco. 3. ed. rev. e ampl. Rio de Janeiro: Renovar, 2002.

QUEIROZ, Juliane Fernandes. *Reprodução assistida post mortem*: aspectos jurídicos de filiação e sucessório. Curitiba: UFPR, 2015.

REARDON, Sara. Pig brains kept alive outside body for hours after death revival of disembodied organs raises slew of ethical and legal questions about the nature of death and consciousness. *Nature: International Journal of Science*, [*s. l.*], v. 568, p. 283-284, Apr. 17 2019. Disponível em: https://www.nature.com/articles/d41586-019-01216-4. Acesso em: 19 abr. 2019.

RETTORE, Anna Cristina de Carvalho. *Gestação de substituição no Brasil*: a estrutura de um negócio jurídico dúplice, existente, válido e eficaz. Dissertação (Mestrado em Direito) – Pontifícia Universidade Católica de Minas Gerais, Belo Horizonte, 2018. Disponível em: http://www.biblioteca.pucminas.br/teses/Direito_RettoreAC_1.pdf. Acesso em: 25 set. 2019.

REZENDE, Thais. *Bebê de gestação abdominal nasce saudável no Pará*. G1 Pará, Belém, 25 jan. 2013. Disponível em: http://g1.globo.com/pa/para/noticia/2013/01/bebe-de-gestacao-abdominal-nasce-saudavel-no-para.html. Acesso em: 21 jan. 2019.

RIO GRANDE DO SUL. Tribunal de Justiça (19. Câmara Cível). *Apelação Cível n. 70075192849*. Relatora: Mylene Maria Michel, 18 de dezembro de 2018. Disponível em: https://www.tjrs.jus.br/buscas/jurisprudencia/exibe_html.php. Acesso em: 29 jul. 2019.

ROCHA, Francisco Ilídio Ferreira. *Manual de biodireito*. Belo Horizonte: D'Plácido, 2017.

ROCHA, Renata da. *O direito à vida e a pesquisa em células-tronco*. Rio de Janeiro: Elsevier, 2008.

ROMEO-CASABONA, Carlos María; QUEIROZ, Juliane Fernandes (coord.). *Biotecnologia e suas implicações ético-jurídicas*. Belo Horizonte: Del Rey, 2004.

ROMEO-CASABONA, Carlos María; SÁ, Maria de Fátima Freire de (Organizadores). *Desafios jurídicos da biotecnologia*. Belo Horizonte: Mandamentos, 2007.

SÁ, Maria de Fátima Freire de; Naves, Bruno Torquato de Oliveira. *Bioética e biodireito*. 4. ed. Belo Horizonte: Del Rey, 2018.

SABADELL, Ana Lucia. *Manual de sociologia jurídica*. 7. ed. rev. atual. e ampl. São Paulo: Revista dos Tribunais, 2017.

SALDANHA, Ana Claudia. *A tutela do embrião humano*. Curitiba: Prismas, 2015.

SANDEL, Michael J. *Contra a perfeição*: ética na era da engenharia genética. Tradução de Ana Carolina Mesquita. Rio de Janeiro: Civilização Brasileira, 2013.

SÃO PAULO. Tribunal de Justiça (6. Câmara de Direito Privado). *Apelação Cível 0001171-96.2007.8.26.0664*. Relator: Francisco Loureiro, 26 de abril de 2012, Foro de Votuporanga – 4ª Vara Judicial. Disponível em: https://esaj.tjsp.jus.br/cjsg/resultadoCompleta.do. Acesso em: 28 jul. 2019.

SARLET, Ingo Wolfgang; MARINONI, Luiz Guilherme; MITIDIERO, Daniel. *Curso de direito constitucional*. 10. ed. São Paulo: Saraiva Educação, 2021.

SCHREIBER, Anderson. *Manual de direito civil contemporâneo*. 4. ed. São Paulo: Saraiva Educação, 2021.

SEMIÃO, Sérgio Abdalla. *Biodireito & direito concursal*: aspectos científicos do direito em geral e da natureza jurídica do embrião congelado. Belo Horizonte: Del Rey, 2012.

SHAHBAZI, Marta N. *et al*. Self-organization of the human embryo in the absence of maternal tissues. Technical Report. *Nature Cell Biology*, v. 18, n. 6, p. 700-708, jun. 2016. Disponível em: https://www.nature.com/articles/ncb3347.epdf?referrer_access_token=loSJ6i12XRFwHCC9UznPCNRgN0jAjWel9jnR3ZoTv0Onmu-0wTzYdhWyQGczFRfXUGFu-9BhcMSACJutHB3PFKhaK5T9rEsbt6ho0dOj6_1R4tH61UxmvaxVpzmA7FId2UFYzFJB0QmGgfqjeqgx6CXoPDnj2XaJMnWwRgHVSgTMEOoZ82uJ3ATsZ8wXs5SfdtWSP3gklzJ3MGDYhsXpOWPFEew2qgLW4mFQ5mvvNgWBW7IZMYj5fLo2XtIGPxCJ&tracking_referrer=www.theguardian.com. Acesso em: 29 jan. 2019.

SILVA, Ivan de Oliveira. *Biodireito, bioética e patrimônio genético brasileiro*. São Paulo: Pillares, 2008.

SMYTH, Jamie. *Nova Zelândia anuncia reforma para descriminalizar o aborto*. Agência EFE, Sydney, 5 ago. 2019. Disponível em: https://www.uol.com.br/universa/noticias/efe/2019/08/05/nova-zelandia-anuncia-reforma-para-descriminalizar-o-aborto.htm. Acesso em: 19 ago. 2019.

SOARES, Ricardo Maurício Freire. *Hermenêutica e interpretação jurídica*. 3. ed. rev., ampl. e atual. São Paulo: Saraiva, 2017.

STANCIOLI, Brunello. Sobre a estrutura argumentativa do consentimento informado: revisão sistemática, verdade e risco na relação médico-paciente. *In*: ROMEO-CASABONA, Carlos María; QUEIROZ, Juliane Fernandes. *Biotecnologia e suas implicações ético-jurídicas*. Belo Horizonte: Del Rey, 2004. p. 173-186.

STEVENS, Rehen; PAULSEN, Bruna. *Células-tronco*: o que são?, para que servem? Rio de Janeiro: Vieira & Lent, 2007.

TALLARICO, Rafael; MARTINS, Gleison José Pereira. *Biotecnologia, direito e ética*. Belo Horizonte: D'Plácido, 2014.

TARTUCE, Flávio. *Manual de direito civil*: volume único. 8. ed. rev., atual. e ampl. Rio de Janeiro: Forense; São Paulo: Método, 2018.

TUSKEGEE SYPHILIS STUDY. *In*: WIKIPEDIA: a enciclopédia livre. [San Francisco, CA: Wikimedia Foundation, 2017]. Tuskegee, 1932-1972. Disponível em: https://en.wikipedia.org/wiki/Tuskegee_Syphilis_Study. Acesso em: 1 set. 2021.

UNESCO. Organização das Nações Unidas para a Educação, Ciência e a Cultura. *Declaração Universal do Genoma Humano e dos Direitos Humanos*. 29ª sessão da Conferência Geral da UNESCO. [*S. l.*]: 11 nov. 1997. Disponível em: https://unesdoc.unesco.org/ark:/48223/pf0000122990_por. Acesso em: 20 jan. 2018.

VALADARES, Isabela Farah. *Desbiologização da paternidade*: distinção entre ascendente genético e pai. Dissertação (Mestrado em Direito) – Pontifícia Universidade Católica de Minas Gerais, Belo Horizonte, 2015. Disponível em: http://www.biblioteca.pucminas.br/teses/Direito_ValadaresIF_1.pdf. Acesso em: 22 set. 2019.

VENTURA, Miriam. *Direitos reprodutivos no Brasil*. 3. ed. Brasília: UNFPA, 2009.

WALDRON, Jeremy. *A dignidade da legislação*. Tradução de Luís Carlos Borges. Revisão da tradução de Marina Appenzeller. São Paulo: Martins Fontes, 2003.

ZIPPELIUS, Reinhold. *Filosofia do direito*. São Paulo: Saraiva, 2012.